国家社科基金
重大项目成果
国家出版基金项目

对外汉语教学语法丛书
◎**总主编** 齐沪扬

兼语词组与兼语句

唐依力 ◎主编 ｜ 罗庆铭 ◎著

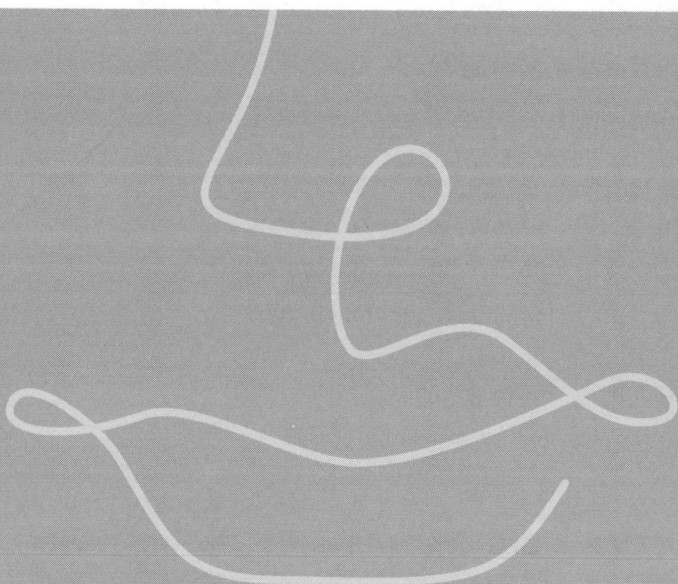

北京语言大学出版社
BEIJING LANGUAGE AND CULTURE
UNIVERSITY PRESS

© 2024 北京语言大学出版社，社图号 24037

图书在版编目（CIP）数据

兼语词组与兼语句 ／ 唐依力主编；罗庆铭著．——
北京：北京语言大学出版社，2024.6
（对外汉语教学语法丛书 ／ 齐沪扬总主编）
ISBN 978-7-5619-6535-1

Ⅰ．①兼… Ⅱ．①唐… ②罗… Ⅲ．①汉语－对外汉
语教学－教学研究 Ⅳ．①H195.3

中国国家版本馆CIP数据核字（2024）第062604号

兼语词组与兼语句
JIANYU CIZU YU JIANYUJU

排版制作：北京光大印艺文化发展有限公司
责任印制：周　燚

出版发行：北京语言大学出版社
社　　址：北京市海淀区学院路 15 号，100083
网　　址：www.blcup.com
电子信箱：service@blcup.com
电　　话：编 辑 部　8610-82303647/3592/3395
　　　　　国内发行　8610-82303650/3591/3648
　　　　　海外发行　8610-82303365/3080/3668
　　　　　北语书店　8610-82303653
　　　　　网购咨询　8610-82303908
印　　刷：北京联兴盛业印刷股份有限公司

版　　次：2024 年 6 月第 1 版　　印　　次：2024 年 6 月第 1 次印刷
开　　本：787 毫米 × 1092 毫米　1/16　　印　　张：15.5
字　　数：255 千字
定　　价：82.00 元

PRINTED IN CHINA
凡有印装质量问题，本社负责调换。售后QQ号1367565611，电话010-82303590

总　序

　　摆在读者面前的，是国家社科基金重大项目"对外汉语教学语法大纲研制和教学参考语法书系（多卷本）"（17ZDA307）的所有成果。这些成果包括大纲系列 4 册、书系系列 26 册、综述系列 8 册，以及选取研究过程中发表的一部分优秀学术论文集辑而成的论文集 1 册，共计 39 本著作，约 700 万字。这个项目的研制，历时 5 年有余，参加的研究人员多达 50 余人，来自国内和海外近 30 所高校。

　　2017 年 11 月，全国哲学社会科学工作办公室正式公布"2017 年度国家社科基金重大项目立项名单"。2018 年 4 月 14 日，国家社科基金重大项目"对外汉语教学语法大纲研制和教学参考语法书系（多卷本）"的开题报告会举行。2019 年 8 月，2017 年度国家社科基金重大项目中期检查评估报告提交，2023 年 1 月召开课题结项鉴定会。

　　根据专家组意见，特别是专家组组长赵金铭教授两次谈话的意见，按照全国哲学社会科学工作办公室立项通知书上的要求，本项研究牢固树立问题意识、创新意识和精品意识，立足学术前沿，体现有限目标，突出研究重点，注重研究方法，符合学术规范。项目的执行情况、所解决的问题和最终成果如下：

　　大纲、书系和综述是主要的研究成果。三类不同的成果面对的读者是不一样的：大纲是给教师教学与科研使用的，同时也顾及学习汉语、研究汉语的一些国际学生；书系主要是给在一线教学的对外汉语教师看的，以解决这些教师在教学过程中的实际问题为目的；综述是对大纲和书系的补充，主要面向对外汉语教师、汉语国际教育专业研究生和本科生，以及需要进一步了解、研究相关领域的群体，为这些人继续研究相关问题提供材料和方法。三种不同的读者群体决定了三类成果的不同写法。

1.　大纲研制

大纲研制的最终成果是两套大纲：分级大纲（初级大纲和中级大纲）和分类大纲（书面语大纲和口语大纲），共 4 册。语法大纲不局限于语法知识本身，而是以学习者语言能力的培养为目标。凡是能促进学习者语言能力的语法项目都应析出为大纲的项目。语法项目的编排依据的是语法形式，使用条件式来描述细目的功能。使用条件式有利于促进语法知识转化为语言能力。

分级大纲中语法项目的等级不宜简单理解为语言本身的难度区分，更应理解为习得过程性的内在要求。以促进学习者生成语言能力为目标，支持学习者语言能力生成的语法项目都应列目，项目编排以语法结构为基础，细目的描写以促进语言能力生成为重。大纲体现习得的过程性，总体上为螺旋形呈现。

目前对外汉语教学和科研依据的都是通用语体的语法大纲，至今尚没有分语体的大纲问世，这种状况显然与发展迅速的第二语言教学事业不相适应。书面语语法大纲和口语语法大纲的研制，填补了大纲研究的空白，在今后的教学指导、教材编撰、汉语水平测试等方面，都能发挥很大的作用。

2.　书系研发

我们在全国范围内分三批次遴选和推荐了撰稿人，这些撰稿人都有长期从事对外汉语教学的经历，且都是语法专业背景出身。从目前情况看，学术界和教学界都需要这一类书，这套书也具有填补空白的作用。而且，这套书是开放性的，条件成熟了可以再继续做下去，达到 30 本到 50 本的规模，甚至再多一些都是可能的。

书系的研发应以"语法项目"作为书名，不求体系完整，成熟一本撰写一本；专业性不能太强，要考虑到书系的读者需求，他们阅读这本书是为了解决教学上的问题，除了必要的理论阐述和说明之外，要尽量早一点儿切入到教学中去；提出的问题要切合教学实际，60～80 个问题，其实就是这本书的目录，有人来查，很快就能对症下药，找到自己想要的东西；提的问题要有针对性，要有实用性，针对学生的水平等级，围绕这个语法项目，把教学上可能遇到的问题按等级排序。总之，这是一套深入浅出的普及性小册子，一定会受到广大对外汉语教师的欢迎。

3. 综述编著

按照标书要求，阶段性成果包括两套综述汇编。编著这两套综述汇编，首先是项目研制的需要，是和大纲研制、书系研发互相支撑、互相配合的；其次是近 20 年的综述汇编，学术界和出版界均尚无相关成果问世，很多研究者迫切需要这方面的资料；最后是这套综述汇编的写法与其他综述成果不同，两套综述不仅仅是"资料汇编"，里面更有很多作者的评议和引导，是"编著"类的"综述"，这类"综述"其实是不多的。这样的写法比目前在做的或者已经出版的"综述"要科学得多，实用得多。

综述分为两套：《近 20 年对外汉语语法教学研究》和《近 20 年汉语作为第二语言语法习得研究》。综述的主要读者应该是研究者，是关心该领域的研究者，作者收集的材料要尽可能齐全，作者所做的分析要有依据，作者做出的解释要能让研究者信服。两套综述都能做到对相关问题做出梳理，述评结合，突出评价的学术性、原创性和实用性，力图使读者对相关论题有一个全面的认识和深刻的思考，并为进一步的研究提供方向。

对上述这些成果的介绍只能点到为止，事实上，具体到每一本著述，都是有必要重点介绍的。好在每套书都另有主编，请读者自行阅读每套书的主编写的"序"吧。我这里还想向读者介绍的是这些著述的作者们，没有他们，这些成果难以问世。

本项课题涉及面广，研究人员多，在最初填写招标书时我们已经意识到了："本项研究工程浩大，……大纲和书系非一校之力可完成，将集中全国不同高校共同承担。"本课题前后参加研究的人员有50多人，分布在国内及海外近30所高校。如何将这些研究人员组织起来，集思广益，凝神聚力？课题组在"集全国高校之力"上，下了大力气。

原先设想由某个高校具体负责某块项目研究，但该想法在实际操作中遇到了问题。开题报告会后，课题组调整后的组织方式体现出优势来。四个研发小组的组长取代了原来子课题负责人的职位和功能，优势体现在：他们面对的是具体的项目，而不是具体的研究人员；他们针对项目选取研究人员，而不是为已有的研究人员配备研究内容；他们可以从全国高校选择自己相中的研究人员，而不需采取先满足校内再满足校外的程序和方式。人尽其才，物尽其用，效率提高，质量保证，自然是意料之中的结果。例如，书系组的20多位作者来自15所高校，综述组的作者来自12所高校。这是第一个方面。

第二个方面，就是充分利用会议的机会，将会议定位于有目标的会议、有任务的会议，让会议开出成效来。自课题立项之后，围绕着课题的研究进展，课题组已经开过多次会议。一是一年一度的"教学语法学术讨论会"，课题组所有人员都参加，至今已经开过多届：淮北（2017）、扬州（2018）、南宁（2019）、黄山（2020），等等。二是一年多次的课题专项讨论会，有需要就开。如在杭州，就分别开过综述组、数据平台组、书系组的专项讨论会；在南京、上海都开过大纲组的专项讨论会；2020年7月，在腾讯会议上开过两次大纲组的专项讨论会；等等。这些会议目标明确，交流便捷，解决问题能力强，时间跨度短，是联络不同高校研究人员的好方式。

这套书的所有主编和作者都十分尽力。对外汉语教师的工作量很大，大多数人都有每周10节以上的课时量；况且，大多数人的手上还有自己的科研项目要做，还有自己指导的研究生的论文要看，还有各自的不同研究论文要写。种种忙碌和辛苦之中，要挤出这么多时间和精力，去从事另外一块研究任务，还是高标准、有要求、无报酬的研究任务，如果没有一种对对外汉语教师这个职业的由衷热爱，没有一种为对外汉语教学事业做点儿贡献的精神支撑，他们是断然不可能接受这样的研究任务的。更何况有些作者接受了两项不同的研究任务，研究强度和研究压力可想而知。因此可以这么说，这些成果渗透着作者们的辛劳，饱含着作者们的心血，每一本都是"呕心之作"，这样的赞誉是得当的。

北京语言大学出版社是这个项目的合作者和推动者。项目立项不久，出版社和课题组就有过接触。出版社前后两任社长和总编辑都向课题组表过态，希望这个课题的所有成果能在北京语言大学出版社出版，出版社愿意为课题的宣传、推广、出版尽责任，做贡献。2020年1月，课题组和出版社有过进一步的密切联系，敲定了详细的合作计划。2022年3月，出版社申报的"对外汉语教学语法丛书"成功入选2022年度国家出版基金资助项目。这些成果的出版，没有出版社的支持是做不到的。

再次感谢在漫长的研究过程中给予我们支持、帮助的所有老师和朋友。

对于这套教学参考语法书系，这里想重点介绍下这套书系的编撰特点和编撰原则。编撰特点可以归纳为以下四点："设计理念要接受多元的语言学理论指导""编撰方针是两种语法分析方法的结合""结构框架要考虑本体研究和教学研究的需要""问题设计要以'碎片化'语法为主"。关于这四点的具体阐述就不再展开了，事实上读者通过这四点已经可以大致了解这套书系的编撰理念了。入选的26本专著选取了不同的语法项目作为书名，面对不同的主题，每本书都会在不同层面、不同角度、不同对象上反映出这套书系的整体面貌和阐述形式，以及结构框架和问题设计，值得一读。

这套教学参考语法书系两个必须遵守的编撰原则是普及性和实践性。普及性原则体现在要做到对读者进行语法知识的普及。语法知识普及要考虑两个方面的问题：一是理论知识的普及，一是语法术语的普及。书系的编写还要遵守实践性的原则，这个原则体现在三个方面：一是面向教学实践，二是面向教师群体，三是面向教学语法。这套书系不以学术高度与理论深度为目标，而以是否能够解决实际问题为标准。出版这样的系列丛书尚属首次，相信普及性原则和实践性原则会使这套书系更接地气，更受欢迎。

教学参考语法书系研发是和汉语教学语法大纲研制平行的、互相支撑的一项研究，书系是以大纲为参照编写的，作为本体研究和教学研究的重要工具书，是对大纲的深化和阐述。书系书目的确定，编写方式的确定，以至于作者队伍的确定，都尽量做到和大纲的研制同质同步。当然，由于书系服务的目标人群和大纲不完全一样，作者会更多地关注语法教学的实效性，对具体问题的一些处理，可能会有与大纲不同的地方，这一点也是需要说明的。

　　谨以此作为总序。

齐沪扬

初稿于 2020 年 7 月

二稿于 2022 年 5 月

三稿于 2022 年 12 月

序

我们撰写的这一专辑——句法结构专辑，包括《存现句》《被动句》《"把"字句》和《兼语词组与兼语句》四部著作，是齐沪扬教授总主编的对外汉语教学语法丛书六大专辑之一。

现代汉语中的特殊句式主要包括连动句、"是"字句、"有"字句、存现句、被动句、"把"字句、兼语句等，本专辑涵盖了其中的四种句式。

句式教学一直以来都是对外汉语教学的重点和难点。说它是重点，是因为这些句式在日常交际中的使用频率很高，且贯穿于对外汉语教学的各个阶段；说它是难点，是因为这些句式结构复杂，语义类型多样，语用功能丰富。学生在使用这些句式时出现偏误的概率较高，甚至由于不清楚何时（不）该用这些句式而出现回避使用的现象。虽然学界关于句式教学和习得方面的研究成果不少，但无论是本体层面的研究，还是教学层面的研究，均存在着诸多分歧，同时也存在着本体研究与教学研究"两层皮"的现象。

本专辑的四本书便是在理论分析的基础上，发现各个句式的教学重点和难点，提出解决问题的方法和教学策略，为对外汉语教师提供参考，满足教学的需要。本专辑主要有以下几个特点：

一是定位清晰。本专辑主要是给在一线教学的对外汉语教师看的，是为解决这些教师在教学过程中遇到的实际问题编写的，因此，如何处理好理论语法与教学语法的关系是我们要考虑的头等大事。本专辑的四本书既尊重四种句式的本体研究成果，从前贤们的研究精华中汲取养分，扩大我们的写作视野，圈定我们的写作框架；同时又挣脱了本体研究理论之争的藩篱，以教学实际需要为宗旨，不追求高深，但求易懂、好用。

　　二是循序渐进。本专辑的四本书整体采用从本体理论到习得偏误再到教学思考的写作思路。以本体理论来开篇，便于在一线教学的对外汉语教师了解该句式的"前世今生"，尤其是对不是汉语言相关专业出身的教师来说，这是一条能够快速掌握该句式本体知识的捷径。熟悉了理论知识，再选择学生句式习得过程中偏误率较高的句子进行分析，教师可以用以解决教学中的实际问题，这部分也是每本书的重点所在。最后回归到教学上，以各类句式的整体特征为依托，从教学思路、教学过程以及教学环节等方面入手，结合学生的习得偏误给出了一些相对有效的教学方法或教学建议。从理论到习得再到教学，步步推进，循序渐进。

　　三是实用性强。一直以来，不少句式结构的教学并未联系教学实际，出现了很多结构过于复杂的句式，别说留学生不会用，即便是中国人也很少用得上。比如"把"字句中的特殊子句式"他把自己的妈妈恨得要命"、动词为"是"的无主兼语句、被动句中"被"与"把"的纠缠等等。这些子句式在二语教学中不具有典型性，因此在本专辑中这些特殊的复杂句式都被剔除出去了。我们在书中选用的语料和偏误都是最贴近教学实际的，都是学生接触比较多、错误率比较高的句子。

　　本专辑的四本书既有共性亦有个性。由于每位作者的研究兴趣不同，四本书中也分别渗透了不同作者的研究心得。比如《存现句》中将象似性原则、图形背景理论、隐喻理论等认知语言学相关理论和汉语作为第二语言教学很好地结合在了一起，为存现句的教学提供了较强的理据性解释。《被动句》依托语言类型学理论，除了针对英语母语者进行偏误分析之外，还针对韩语、日语、越南语、泰语等母语背景学习者进行了语言对比分析和国别化的偏误分析。《"把"字句》则从语体语法的角度出发，区分了口语语体的"把"字句和书面语体的"把"字句，并且从功能角度对陈述性"把"字句和祈使性"把"字句进行了对比分析。《兼语词组与兼语句》认为除了结构形式和语义特征外，应该将时间顺序原则作为确定兼语式内涵与外延的衡量标准，并且认为兼语式应该拆分致使义和使令义两个小类，并将其归入大纲的不同等级中。

　　存现句、被动句、"把"字句和兼语句这四种句式结构并非汉语研究的"热点"问题,却一直是汉语研究的"经典"问题。也正因为如此,对于这四种句式结构的分析和讨论才会经久不衰。本专辑的四本书之所以值得大家一读,就是因为这四本书都是通过对大量真实偏误语料的考察,总结归纳出了典型的句式特征、偏误类型,以及切实可行的教学策略。本专辑将汉语本体研究与教学实践相结合,既"仰望星空",又"脚踏大地",对于专业背景不一的对外汉语教师来说,本专辑的内容是"接地气"的,是可以在教学中随时拿过来使用的。

唐依力

2022 年 5 月

目　录

第三部分　兼语词组与兼语句偏误分析 / 141

第四部分　兼语词组、兼语句的使用频率、学习难点与教学安排 / 163

第五部分   兼语句的教学过程与教学法 / 200

参考文献 / 227

引　言

　　"对外汉语教学语法大纲研制和教学参考语法书系（多卷本）"（以下简称"书系"）是齐沪扬教授主持的国家社科基金重大项目，该项目的研究目标主要有两项：一是研制对外汉语教学语法大纲，二是编写一系列教学语法参考书。前者旨在重构对外汉语教学语法体系，后者则是对大纲的深化和应用。书系采用"一点一书"的形式呈现，即一个知识点编写一本书。本书就是基于"兼语词组与兼语句"这个知识点编写的，是一本面向一线对外汉语教师的通用型教学语法参考用书。

　　兼语式[①]是汉语语法中非常独特的类别，它结构复杂，语义类型多样，语用功能丰富。从句法上看，它既可以作为词组[②]充当句子成分，又可以作为一种句式单独使用。兼语式的使用频率很高，据赵淑华、刘社会、胡翔（1995），兼语式在 21 种汉语常用句式中的使用频率名列 6～7 位，且在初级、中级汉语教材中的分布也相对稳定，占比在 3.04% 到 4.51% 之间。根据我们的统计，在《小学华文》和《中文》两套华文教材中，兼语动词 V_1 的使用频次分别占动词总使用频次的 2.5% 和 2.8%，这足以说明兼语式是汉语作为第二语言教学中不可忽视的重要语法项目之一。

　　然而，学界在兼语式的理论探讨和教学研究方面分歧很大。在理论语法层

---

① 本书所指"兼语式"，包括兼语词组和兼语句式。

② 本书使用"词组"这一术语，而不使用"短语"。因为"词组"是词与词的组合，更符合教学语法的习得顺序。在介绍前贤学者的研究时，如果文献中使用"短语"，我们遵照原文介绍文献，也使用"短语"。在本书的分析中，只要是词与词的组合，我们统称为"词组"。

面，学者们对这种句式是否应独立成类、如何分类、如何界定范围、有何特点等存在很大分歧；在教学层面，大家对兼语式在语法大纲中如何定位、句式内部如何分级、教学的重难点是什么，至今也未能达成共识。这些都给教材编写、教学设计和实施带来了诸多问题。本书的编写目的就是希望通过借鉴现有本体研究的成果，厘清存在的问题，从教学语法的角度提出参考意见，解决教学难题。

1. 兼语式研究中存在的问题

1.1 本体研究中存在的问题

1.1.1 内涵和外延均不明确

对于兼语式，存在三种不同的命名角度。第一种是根据结构节点特征命名，称为兼语句或兼语式，以黎锦熙（1924）、赵元任（1952）和中国科学院语言研究所语法小组（1953）为代表；第二种是根据整体结构的特点命名，称为递系式或递谓式，以王力（1944）、吕叔湘（1953）为代表；第三种是以结构中关键谓语动词的语义类型为这类句式命名，称为致使句，以吕叔湘（1956）为代表。这三种命名方式都只抓住了兼语式某方面的特点，不够全面，这也影响了后来对兼语式的定义和分类。

目前学界对兼语式内涵的界定仍未形成共识。各家的定义角度和标准不同，所得到的分类结果也差异很大。对兼语式内涵的界定主要有三种标准。第一种以形式特征和句法条件为标准。丁声树、吕叔湘、李荣等（1961）的句法限制有三条：一是符合表层结构特征，即 $N_1+V_1+N_2+V_2$；二是 V_1 和 N_2 之间不能停顿，也不能加副词或副词性修饰语；三是 N_1 是全句的主语，N_1 不是 V_2 的受事。第二种只以形式为唯一标准，符合表层结构特征就认定为兼语式，以陈建民（1960）为代表。按此标准，兼语式可增至 12 类，一些双宾语句、被动句和主谓词组做宾语句也被纳入其中。第三种以形式特征、句法条件和语义特征为标准，如邢欣（2004）认为兼语式除了需要满足第一种的条件外，V_1 还需要包含致使义。

由于内涵界定不明，造成兼语式的外延也无法确定。兼语式的分类从 1 类到 12 类不等，如此大的分类差异在现代汉语句法研究史上实属罕见。目前，认可度最高的是致使类和有无类，其次是称呼类，争议较多的是情感类和"是"字类。

1.1.2 结构属性、句法特点存在争议

完整兼语式的结构编码为 $N_1+V_1+N_2+V_2$，其中 N_2 宾主同体，称为兼语。兼语是该句式区别于连动句、双宾语句和主谓词组做宾语句等其他句式的最重要的形式特征。一般认为，兼语式属于动词谓语句，分为主谓型和非主谓型。V_1+N_2 和 N_2+V_2 构成复杂谓语，因与连动句相似，有学者将兼语式归入连动句，或作为连动句的一个小类。也有学者认为 N_2+V_2 不具有独立性，是嵌入小句，做 V_1 的补语。还有人认为 N_2+V_2 是 V_1 的小句宾语。但大多数学者认为兼语式具有自己的特点，应该独立成类。

一般认为兼语式中有两个表述，兼语 N_2 具有两个语用身份，即述题和话题，兼语 N_2 具有语用整合功能，将前后两个表述系连起来。V_1+N_2 是主表述，N_2+V_2 是从属表述。V_1 对 V_2 有控制作用，V_2 是在 V_1 控制下完成的动作或呈现的状态，V_1 对 V_2 的角色控制是通过兼语 N_2 的句内衔接功能实现的。但也有学者不认同两个表述的观点。史存直（1954）认为汉语单句只能表达一个叙述（相当于表述），V_2 只可被看作句子的补语。此外，N_2 做 V_1 的宾语常常是不定指的，而不定指的 N_2 不可能做 V_2 的主语，也不可能作为话题与 V_2 构成一个表述。该如何解释兼语在句式内部的功能和作用，还需要深入探讨。

兼语式内部 V_1 的词类归属也存在争论。例如，范晓（1998）认为"使"是介词，因为它缺乏动词的语法特征，而吕叔湘则认为"使"是动词，因为其有"引起、导致、促使"的词汇意义，"使"后也必须跟一个兼语式。此外，使让类与使令类应归并还是分立，也是争论的焦点。这两者在语义角色和整句语气上存在差别：使让类的 N_1 和 N_2 是致事和使事的关系，整体上是陈述性的，V_2 是描述性的；使令类的 N_1 和 N_2 是施事和受事的关系，带有祈使语气，V_2 是陈述性的。这些差别一定会对它们的表达产生影响。从教学的角度看，分立似乎更合理。

1.1.3 与其他句式的界限模糊

兼语式与连动句、双宾语句、主谓词组做宾语句、"把"字句、紧缩复句及其他同形结构均有交叉关系，有时难以区分。本体研究发现可用移位法、停顿法

和插入状语法区分兼语句与主谓词组做宾语句，用提问法和句式变换来分化兼语句与双宾语句，这些方法已经应用在二语教学中。但是，有些方法也存在漏洞。例如，人们常用 V_1 和 V_2 的主语归属区分兼语句与连动句，但这种方法在判定含有帮带义的兼语句时会遇到问题（如："我可以带他进去吗？"），单靠句法分析无法奏效，需要借助语义甚至语境加以分化。

还有一种表爱恨义的兼语式小类，其 V_1 多是表心理活动的动词，例如："我喜欢他诚实。"不少学者（王力，1944；吕冀平，1958；刘月华、潘文娱、故铧，1983；黄伯荣、廖序东，1997；邢福义、汪国胜，2011）都将其归入兼语式，但也有学者（丁声树、吕叔湘、李荣等，1961；张斌，2010）不认同。争论的焦点是这类表心理活动的动词不含致使义。然而，兼语式中的有无类也不含致使义，却被大多数人认可。可见，单从 V_1 是否含致使义来判定兼语式是不够的，必须借助兼语式的结构义来甄别，兼语式中 V_1 和 V_2 之间存在递系关系，V_2 是 V_1 的后续活动，因此必须遵循时间顺序原则（陆俭明，2003）。采用这一标准检验各兼语式小类，我们发现致使类兼语句都能够进入"N_2+V_2 是因为 N_1+V_1 的"这个语法槽。例如："妈妈逼他做功课"，可以说成"他做功课是因为妈妈逼的"，但是"我喜欢他诚实"不能说成"他诚实是因为我喜欢的"。这说明表爱恨义的句子与时间顺序原则不符，不应归入兼语式。

兼语式在句法上还受到许多制约，如大部分 V_1 不能带动态助词"着、了"，V_2 不能受时间副词"正在、已经、将要"等修饰。兼语式有两种否定形式，分别为在 V_1 前否定和在 V_2 前否定，但不同小类的否定方式存在差异。这些都说明兼语式对 V_1 的选择有一定的影响，对内部各要素具有压制作用，至于压制如何产生、该如何解释，还需要研究。

1.2 教学问题

1.2.1 语法大纲的定类和定位不够清晰

对外汉语教学语法体系的创立肇始于邓懿主编的《汉语教科书》。该教材介绍了致使类兼语句和带"有"的非谓兼语句，这与丁声树、吕叔湘、李荣等（1961）的分类是一致的。刘英林主编的《汉语水平等级标准与语法等级大纲》共收录了 1168 个语法点，其中兼语句有 9 类（不包括套用类），分别是甲级 4 类

（使令、爱恨、选定和有无）、乙级 2 类（带"是"的无主兼语句、双宾兼语句）和丙级 3 类［致使类、有＋兼语＋是＋……的、主＋动＋兼语（间接宾语）＋直接宾语＋动］。杨寄洲主编的《对外汉语教学初级阶段教学大纲》只列入了表指使义的兼语句。孙瑞珍主编的《中高级对外汉语教学等级大纲》沿用了《汉语水平等级标准与语法等级大纲》的基本框架，列出了使令类、称呼类、爱恨类、有无类、"是"字类、间接宾语做兼语类和介词"把"的宾语做兼语类，其中最后两类学界认可度不高。《高等学校外国留学生汉语言专业教学大纲》基本上沿用孙瑞珍的分类法，除增加了无主语兼语类，将介词"把"的宾语做兼语类改换为谓语是说明或描写类兼语外，其他均相同，但在等级上做了调整：一年级安排使令类、有无类和无主语兼语类，二年级安排称呼类、爱恨类、"是"字类、谓语是说明或描写类及间接宾语做兼语类。

兼语式在几套大纲中的分类有日益细化的倾向，从最初的 1 类增加到 9 类。如此大的定类差别一方面说明随着兼语式研究的逐步深化，研究者的分歧在扩大，另一方面也反映出大纲编写者求全求细的心态。语言点的提取太粗固然对教师深化教学不利，但分类过细，尤其是将该合并的项目分立，或将有争议的类别也列入其中，无疑也会对教学产生不利影响。

大纲对兼语式各类的定级也存在问题。如《对外汉语教学初级阶段教学大纲》把表指使义（使让类和使令类）的兼语句列为初级语法项目，《中高级对外汉语教学等级大纲》将有无类列为中级语法项目，这样的安排既不符合难易度顺序，也与使用频率不符。称呼类兼语句使用频率很低，初级汉语教学阶段很难遇到，可是大纲多将它列为初级语言点，不符合教学语法所遵循的急用优先原则。

语法大纲编制的主要目的是将相关的语法项目连续排列，成为体系，这样既有助于学习者理解整个语法项目，又能帮助其区分各子语法项目的含义、用法和使用限制条件。目前我们所见的兼语式在语法大纲中的序列安排还没有一条清晰的线索。兼语式在语法大纲中是小系统，在对其各子类定级时不仅需要考虑难易度，还要考察使用频率，以及与其他相关语言点共现的情况，这样定出的教学大纲才是科学的、实用的。但目前我们对兼语式在教材中的分布情况知之甚少，相关的统计数据还不够全面、客观，这方面的研究需要加强。

1.2.2 习得研究有待改进

关于兼语式习得与偏误研究的专著有佟慧君的《外国人学汉语病句分析》、李大忠的《外国人学汉语语法偏误分析》、肖奚强等的《外国学生汉语句式学习难度及分级排序研究》。佟慧君（1986）列出几种兼语句的错误类型，但未解释偏误发生的内在原因，也未提出有效的教学策略。李大忠（1996b）分析了"使"字句的偏误情况，发现其偏误可能来自词典的释义误导，以及使让类和使令类兼语用法的混淆，这样的研究具有教学参考意义。肖奚强等（2009）对兼语句的偏误进行了系统的统计和分析，发现要求类兼语句是使用频率和偏误率都很高的一类，并建议将这类兼语句作为一年级上学期的教学内容，这项研究中的分类与众不同，作者将请求义、派遣义和使让义这三类难易度相差很大的小类都归入要求类，可能会对统计结果产生影响。

总体而言，目前对兼语式的偏误研究比较分散，虽取得了一些成果，但还未总结出具有普遍性的偏误类型。现有的偏误研究多采用偏误分析理论中常用的归类法，这种方法可以归类偏误，但很难找到偏误原因并做出有力的解释。另外，将偏误的数量与难易度简单挂钩，很可能并不能完全反映学生学习的真实情况。例如，一线教师普遍认为兼语句较难，学生掌握得不好，但偏误分析的结果却显示这类句式的偏误率较低。（吕文华，2014）其中的差异是因为学生采取了回避策略，还是研究方法不尽合理，仍需深入探讨。如果能采用课堂观察与偏误分析相结合的研究设计，可能会获得更可靠的研究成果。

1.2.3 教学研究相对薄弱

近年来，随着构式语法理论的引入，兼语式的教学出现了一些新面貌，苏丹洁（2011）提出了"构式语块教学法"。该教学法的优点是能有效激活学习者的认知潜能，通过形式和意义的结合，使句式变得易于理解、接受和记忆，更好地帮助学生掌握兼语式的用法。该方法在归纳兼语式的结构意义方面优于传统教学法，但构式义的表述还是过于抽象，对汉语能力较差的二语学习者来说仍难以理解。"构式语块教学法"在教的方面有优势，但在练的方面并没有提出更好的建议。兼语式的教学应如何导入、如何设计引导性问题、如何利用先备知识和语境知识带出语言点、如何归纳语法规则、如何设计有层次性的练习、如何进行情境化的操练等，这些问题必须通过有效的教学设计和教学手段才能解决。

目前，兼语式的教学研究相当薄弱，表现在两个方面：一是缺乏对兼语式教学顺序的研究，二是教学技巧和方法比较单一。要安排教学顺序，首先要清楚地了解教材中兼语式的分布信息，其次要根据频率特征和难易度确定各兼语小类的教学顺序和教学时机。常见的兼语式教学方法有句式成分分析法、连环图示法、层次分析法等，这些教学法受理论语法影响较大，教法生硬，手段单一，练习设计重在形式方面，且多为机械、半机械式的操练，缺乏情境化的运用。

2. 编写思路

2.1 梳理理论语法，确定编写范围

教学语法的研究与应用必须建立在理论语法研究的基础上。兼语式的本体研究已经有 70 多年的历史，积累了丰富的研究成果，其中有许多观点已被学界广泛认可和接受。对于这些成果，我们应加以总结、梳理和归纳，将其作为规律性的语言点固定下来，并在课堂教学中加以应用。但是，兼语式在研究过程中也存在分歧和争议，如何对这些观点和论述进行梳理、甄别和取舍，是我们在编写本书时面对的一个难题。我们定下了两条基本原则：一是确保选取的内容和表述能够兼容于现有的汉语语法体系；二是选取的观点和理论比较符合二语教学实际，容易被一线教师理解和接受。例如，关于兼语后的 V_2 是谓语还是补语、兼语式的前段与后段是一个表述还是两个表述，学者们看法不同。但就语法系统性和教学适用性而言，谓语说或许更符合现代汉语的实际。因为在现代汉语语法体系中，动词一般在谓语后做补语，在宾语后做补语则有严格的条件限制，兼语式的 V_2 不符合充当补语的条件。而谓词性成分连续出现则是普遍现象，加上兼语式在遵循时间顺序原则方面与连动句一致，因此将兼语式归为连谓的一种类型比较符合汉语语法的特点，在教学上也便于同连动句教学相呼应。此外，两个表述的观点显然更有利于二语教学设计，更容易解决理论语法与教学语法的接口问题。

2.2 掌握语言事实，把握编写顺序、重点和难点

兼语式是一种内部语义结构差异明显、语用功能复杂且使用频率差异很大的结构形式。我们很难对理论语法中兼语式的细微差异进行逐项论述，必须根据教

学需要有所侧重，对那些使用频率高、语义和语用功能复杂的语法点应重点处理，对那些用法特殊、使用频率不高的则不做处理。我们借助教材语料库完成了对各类兼语式的统计分析，获得了全面详细的第一手资料。如动词为"是"的无主兼语句是非常特殊的一类，有学者认为它应归入兼语式，也有学者认为"是"已经失去动词特征，属"焦点标记"。我们在教材统计时发现，这类兼语式的使用频率极低，二语教学中需要处理的机会不多，因此可以暂且搁置不论。相反，有无类无主兼语句在二语教材中的出现频率很高，常用在书面语的开头，介绍人物或场景，具有特殊的语篇功能。这样的兼语式就应该重点解释，引导学生正确理解和准确使用。

我们也要掌握不同兼语式在教材中出现的时间和位置。这些分布信息对我们制定教学大纲、安排兼语式的教学顺序极具参考意义。例如，使让义动词"让"和"使"做兼语动词的分布存在很大差异，"让"在口语语体中的使用频率远高于书面语体，"让""使"的使用存在明显的语体差异。根据二语教学先听说后读写的课程安排顺序，"让"字兼语句的教学就要先于"使"字兼语句。除此之外，我们还发现，"让"字兼语句和"使"字兼语句对使用情境有选择，少儿读物中"使"字兼语句的使用频率极低，而"让"字兼语句的使用频率则很高。在选择兼语式的教学时间点、安排兼语式的教学内容和顺序时不可忽视这些分布特点。

习得与偏误分析对了解学生的兼语式学习状况十分重要。目前，相关研究已经取得了一定的成果，发现了一些规律性的问题和教学难点，我们也将利用这些成果设计有针对性和实效性的解决方案。不过习得和偏误分析也面对两大难点：一是我们只能从学生的言语产出中发现他们已经习得或尚未掌握的语言点，却无法掌握学生刻意回避及完全没有习得的部分；二是学习者来源多样，母语各异，偏误差异性很大。因此，在选择偏误类型、确定兼语式难易度时就需要小心甄别，谨慎处理。

2.3 结合教学理论，设计教学方案

语法教学的根本任务在于通过情境化的语法规则讲解和操练，教导学生理解和应用语法点，从而逐步构建起学生的知识结构和能力结构，培养并提升学生的语言运用能力。语法研究与语法教学首先是目的不同。语法研究强调语言规则的系统性、完整性；语法教学则不追求系统性，而是注重所教语法点的典型性和常用度，并通过"碎片化"（赵金铭，2018）的积累不断丰富该语法点的知识和技能。其次是教学策略不同。语法研究是从形式到意义，先进行句法分析，再进行语义分析，最后是语用功能分析；语法教学则是从意义到形式，即从具体情境入手，通过语义、功能感知和理解，最后用具体的语言形式表达出来。

语法规则是通过众多具体的实例概括和归纳出来的，我们在进行兼语式教学设计时首先应利用语料库筛选出兼语式的教学内容，确定教学顺序。有无类兼语句的使用频率很高，动词也很容易，应该先出。其次要考虑难易度，使让类兼语句对主语有特殊要求，N_1 多为致使性名词性成分，学生对这类主语不太熟悉，出错的可能很大，而使令类兼语句的主语多是施事，学生掌握起来比较容易，因此使让类的教学应晚于使令类。

在教学方面，兼语式的教学既要遵循语法教学的一般规律，又要重视自身特点。兼语式的教学通常分为四步。第一步是要为学生提供一定数量的前期输入，让学生在语境中感知语法点的意义，为后期教学提供理解性输入的实例。这要求教师必须对教材中有关语言点的信息十分清楚，才能准确地抓住教学时机。第二步是教学实施，此时需先利用先备知识导入教学内容，再结合当课实例进行类比，从意义和功能入手，归纳出语法形式，帮助学生在新旧知识之间搭建桥梁。第三步是在学生理解的基础上进行类型化操练，可先进行机械的句式练习，目的是巩固句型，接着通过情境化练习，让学生进一步感知和理解句式的意义和功能。第四步是布置交际任务，让学生在语言实践中完成语法知识向语言技能的转化。本书将根据兼语式各小类的特点进行差异化教学设计，提出有针对性的教学方案。

3. 基本架构和编写特点

3.1 基本架构

第一部分探讨兼语词组与兼语句的界定与类型，第二部分分析兼语词组、兼语句的结构并进行用法辨析，第三部分分析兼语词组与兼语句的常见偏误，第四部分探讨兼语词组、兼语句的使用频率、学习难点与教学安排，第五部分研究兼语句的教学过程与教学法。

第一部分着重梳理兼语式的研究成果，整理出一套结构相对完整、内容契合度较高，且为学界普遍认可的兼语式知识体系。主要内容包括兼语式内涵与外延的界定、分类标准和下位类别特点分析、与相关同形结构的区分等等。为了更全面地揭示兼语式的全貌，我们将采用结构分析与语义、语用分析相结合的方法，力求准确把握兼语式的本质特征，为教学提供理论支撑。

第二部分从不同角度对不同类型兼语式的内部差异进行辨析，同时也对一些容易与兼语式产生混淆的词组或句式进行比较分析，从中发现兼语式的特点，进一步深化对兼语式的认识。

第三部分从偏误分析的角度分析学生在使用兼语式过程中的常见偏误，从学生学习成功和失败的经验中发现兼语式的难点，并通过理论阐释和对比分析找出偏误的原因，提出化解难点的方法。

第四部分从教材统计分析入手，研究兼语式的使用频率、难易度，通过研究兼语式在教材中的数量、频率和分布情况，为兼语式的教学安排提供事实依据。

第五部分从教学设计、教学过程及教学环节等方面入手，探讨各类兼语式的教学设计和教学技巧，按照导入、教学、活动、评估的教学环节组织教学。由于兼语式的类型多样，内部结构和语义差异较大，我们也将提供一系列具有针对性的教学建议和教学方法，其中包括导入技巧、提问技巧、练习设计方法等等。

3.2 编写特点

本书是面向一线对外汉语教师的通用型教学语法参考用书，以问答的形式编写，总共设计了 50 个具有代表性的问题。在问题选择方面，不追求理论的深度和广度，但求入选的问题能契合教师的需要，解决教学中的实际问题。在语言表达方面，尽量不使用过于专业的术语和概念，而用浅显的表述、直观的例句分析和解释所论述的问题，以满足众多海外二语教师的需要。

本书虽是一本教学语法参考书，但我们也在书中融入了自己的研究心得，提出了一些对兼语式的见解和看法。例如：我们认为除了结构形式和语义特征外，应该将时间顺序原则作为确定兼语式内涵与外延的衡量标准；在兼语式次类划分时，应该拆分致使义和使令义兼语式小类，并将其分别归入大纲的不同等级中；

我们还在研究中引入了语料库的研究方法，通过对《小学华文》和《中文》这两套华文教材的统计分析，基本掌握了各类兼语式在教材中的数量、出现频率和分布情况。这为我们确定本书的写作重点、安排兼语式的教学顺序提供了宝贵的第一手资料。本书所有的例句基本上来自这两套教材。希望这些观点和资料对兼语式的本体研究和教学研究有参考价值。

4. 结语

编撰教学语法参考用书是建构对外汉语教学语法体系的重要一环，目的在于对语法大纲中的重要语言点进行深入阐释，解决语法教学中最重要、最急迫，也最难讲清楚的问题（齐沪扬、韩天姿、马优优，2020）。兼语式无疑就是教学语法研究中最难讲清楚的问题之一。本书的编写目的是在分析理论语法的基础上，发现兼语式的教学特点和难点，提出解决问题的方法和教学策略，为对外汉语教师提供参考，满足教学的需要。

本书的编写思路是通过梳理以往兼语式的研究成果，圈定编写内容和范围；通过定量分析了解兼语式在教材中的数量和分布状况，确定编写的重点；通过难点甄别，发现问题，并最终确定知识框架。在编写过程中，本书遵循兼容性与实用性相结合的原则，力求在理论上与现行语法体系保持一致，在教学上具有针对性，所设计的问题能贴近教学实际，所提出的教学方法和建议能够解决课堂教学中遇到的实际问题。然而，应该承认的是，兼语式的研究和教学是一个十分复杂的问题，在理论研究还不成熟的情况下，要寻求教学研究的大突破也是不现实的。本书的知识框架可能并不完整，观点和意见乃一家之言，但我们不揣浅陋，愿意提出来与同行讨论，冀望能引起大家对兼语式教学研究的再思考，起到抛砖引玉的作用。

第一部分 兼语词组与兼语句的界定与类型

1. 什么是兼语词组与兼语句？两者的关系如何？

1.1 什么是兼语词组？

1.1.1 兼语词组的定义

兼语词组是一个动宾词组和一个主谓词组套叠在一起，且动宾词组的宾语兼做主谓词组的主语的特殊词组类型（赵元任，1952；高名凯，1953；吕叔湘，1953；胡裕树，1981；宋玉柱，1991；张斌，2000、2010；齐沪扬，2007；黄伯荣、廖序东，2017）。例如：

（1）我们能使他们失望吗？

（2）他鼓励我读书。

（3）从前，有一个小孩子叫司马光。

（4）我帮你找找。

例（1）～（4）中的"使他们失望""鼓励我读书""有一个小孩子叫司马光"和"帮你找找"就是兼语词组。一个简单的兼语词组由三部分构成，第一和第二部分构成述宾关系，第二和第三部分构成主谓关系。

第一部分由能够带宾语的动词 V_1 充当，如上述词组中的"使""鼓励""有""帮"；第二部分是名词性词语 N_2，它具有双重语法身份，既是前面 V_1 的宾语，又是第三部分的主语，故称为兼语，如例句中的"他们""我""一个小孩子""你"；第三部分是谓词性词语 V_2，它是 N_2 的谓语，如"失望""读书""叫司马光""找找"。

1.1.2 兼语词组的性质和构成条件

邢福义、汪国胜（2011）根据结构和功能对各种词组进行了分类。按结构，词组可以分为关系类词组和标志类词组，前者结构成分之间的语义关系比较明显，后者则比较模糊；按性质，词组可以分为名词性词组、动词性词组、形容词性词组等。

兼语词组从结构的角度看属于关系类词组，虽然"兼语"可以看作语表标记，但其特征并不十分凸显，判断是否为兼语词组依然需要借助语义关系。在形式上，兼语词组的结构形式可标记为 $V_1 + N_2 + V_2$，兼语词组若要成立，表层结构上前动词 V_1、兼语 N_2 和后动词 V_2 必须共现，缺一不可；在语义上，N_2 可以兼任双重语义角色；从性质上看，兼语词组属于动词性词组，它的主要功能是充当谓语，也可以充当主语、宾语、定语和补语等其他句子成分。

构成兼语词组需要满足四个条件：

（1）前动词 V_1 的宾语 N_2 同时是后动词 V_2 的主语，$V_1 + N_2$ 与 $N_2 + V_2$ 构成两个表述。

（2）前一个表述与后一个表述之间有因果或目的关系，在时间或逻辑上存在先后关系。

（3）前动词 V_1 包含致使、使令、存在、命名等意义，V_1 和 V_2 不属于同一主语，且彼此没有隶属关系。

（4）前动词 V_1 后不能停顿，也不能插入其他状语成分。

1.1.3 兼语词组的功能

与其他词组一样，兼语词组可以充当句子成分。包括：

1.1.3.1 充当谓语

兼语词组常常充当谓语，兼语词组充当谓语的句子称为兼语句。

1.1.3.2 充当主语

（5）让他们离开并不是我的意思。

（6）派他去没有错。

（7）有人知道也不要紧。

（8）帮你做事有什么好处吗？

1.1.3.3 充当宾语

（9）我们都不同意让他们去。

（10）我们希望今天有人来。

（11）他坚持陪我去医院。

（12）我们的初衷是鼓励他尝试。

1.1.3.4 充当定语

（13）提拔他当经理的建议没有获得通过。

（14）计划失败是有人从中捣乱的结果。

（15）这就是送你出国读书的原因。

（16）我们一起度过了一个令人难忘的夜晚。

1.1.3.5 充当补语

（17）这件事办得让人称赞。

（18）任务完成得令人满意。

（19）他的玩笑开得叫人摸不着头脑。

（20）你必须把图纸设计得使人满意。

1.2 什么是兼语句?

兼语句是由兼语词组充当谓语或独立成句的句子。

1.2.1 充当谓语

（21）这件事使我感到为难。

（22）同学们鼓励我参加课外活动。

1.2.2 独立成句

（23）有人进来了。

（24）别让它跑了。

兼语词组属特殊词组类型，是造句单位，语法功能上看主要是充当句子成分，常做谓语、主语、宾语、定语和补语。而兼语句则是一种特殊的句式，句中两个相套叠的表述将前后系连的两个动作串联起来，前一个表述的主体是全句的主语 N_1，后一个表述的主体是兼语 N_2。兼语词组充当谓语时构成兼语句，它可以是主谓句，也可以是非主谓句。

2.为什么说兼语词组是一种特殊的词组类型？

兼语词组的特殊性是由其语法、语义和语用功能的特殊性决定的。兼语词组在语法上属于复杂谓语结构，它有别于一般意义上的单谓结构，语义上它对前动词 V_1 和兼语 N_2 都有特殊要求，语用功能上它是通过一个单句形式系连两个关联性表述。兼语词组的特殊性具体表现为以下几个方面：

2.1 结构形式特殊

兼语词组属谓词性词组，其主要功能是在句中充当谓语，但与一般单谓型词组如动宾词组、主谓词组和状中词组不同，兼语词组内部同时包含两个谓词性成分——V_1 和 V_2，汉语语法中只有连谓词组和兼语词组属于这种类型。由于兼语词组是由两个词组串联而成，因此理论上也就可以拆分成两个谓词性词组（实际上不拆分），前一个是动宾词组，后一个是主谓词组。例如：

（1）教欢欢唱歌——教欢欢、欢欢唱歌

（2）有朋友找你——有朋友、朋友找你

从兼语词组的内部构成看，前面的动宾词组与后面的主谓词组不在同一个层面上，V_1 与 V_2 是不同主体发出的，这跟连谓词组的 V_1 和 V_2 是同一个主体发出的有所不同。例如：

（3）找欢欢买——（S）找欢欢、（S）买

（4）有事情找你——（S）有事情、（S）找你

例（1）中"唱歌"的人是"欢欢"，例（3）中"买"的主体却不是"欢欢"，而是词组前隐去的某个人S。同样，例（2）"有朋友找你"中"找你"的人是"朋友"，而例（4）"有事情找你"中"找你"的不是"事情"，而是词组前隐去的某个人S。所以，例（1）、例（2）是兼语词组，例（3）、例（4）属于连谓词组。

兼语词组都具有特殊性。首先，位于 V_1 和 V_2 之间的兼语 N_2 必须出现，能

够充当兼语的词语十分有限，通常是表人的名词、代词、名词性词组或数量词组。其次，兼语词组中必须同时出现谓词性词语 V_1 和 V_2，其中 V_1 由动词充当，可以进入 V_1 的动词数量有限，V_2 通常是动词性的，有时也可以由形容词充当。最后，从内部结构看，兼语词组是由 V_1+N_2 和 N_2+V_2 按递系关系融合而成的，N_2 具有双重身份，既是 V_1 的宾语，又是 V_2 的主语。

关于兼语词组是否应该单独建类，学界存在分歧。第一种意见认为，这种 $V_1+N_2+V_2$ 结构是特殊的动补结构，V_2 是 V_1+N_2 的补语；第二种意见认为，$V_1+N_2+V_2$ 是一种特殊的连谓结构，V_1+N_2 是第一个谓语，V_2 是第二个谓语；第三种意见认为，兼语词组与连谓词组虽然相似，但内部结构不同，应该单独建类。上述意见的分歧说明兼语词组确有其特殊性。

2.2 语义限制明显

兼语词组对其构成单位的语义要求很高，尤其是前动词 V_1 和兼语 N_2，不是所有的动词或名词都能自由进入兼语词组的语法槽内。

2.2.1 前动词 V_1 的语义特征

只有四类动词可以充当兼语词组的前动词 V_1。第一类是含有致使义的动词，如"使、让、叫、令"等；第二类是含有使令义的动词，这类动词范围很广，内部存在差异，主要有"命令、禁止、催促、派遣、鼓励、请求、嘱咐、教导、帮助、带领、陪伴、推选"等；第三类是含有称呼义的动词，如"称呼、称、叫、封"等；第四类是含有有无义的动词，如"有、没有、无"等。

前动词 V_1 数量有限，是一个封闭的小类。根据配价理论，前动词 V_1 绝大多数是二价动词，它前面的动元通常是施事，后面带受事。

2.2.2 兼语 N_2 的语义限制

兼语词组对 N_2 也有明确的语义限制，它要求 N_2 必须是体词性的，N_2 可以兼任双重语义角色。兼语 N_2 和 V_2 有被陈述和陈述的关系。能够同时满足双重身份要求的名词、代词或者名词性词组是有限的。例如：

（5）派王校长出席会议

（6）称他为师父

（7）有一个朋友来看我

例（5）中，"王校长"是"派"的受事，又是"出席"的施事；例（6）中，"他"是"称"的受事，又是"为"的起事[①]；例（7）中，"一个朋友"是"有"的当事[②]，又是"来看我"的施事。

2.3 句法限制严格

2.3.1 遵循时间顺序

时间顺序原则（简称 PTS）可以表述为：两个句法单位的相对次序决定于它们所表示的概念领域里的状态的时间顺序。（戴浩一，1988）时间顺序原则是汉语语法中普遍遵循的语序原则，也是兼语词组必须遵循的语序原则，王力的"递系"说、吕叔湘的"递谓"说实际上都隐含了时间顺序原则。

（5a）派王校长出席会议（指令—行为）

（6a）称他为师父（称呼—命名）

（7a）有一个朋友来看我（存在—行为）

例（5a）中，"派王校长"与"王校长出席会议"在行为上存在先后顺序，某人先发出派遣指令，"王校长"才进行"出席会议"的后续行为；例（6a）中，"称他"与"他为师父"之间存在称呼—命名关系，当我们需要为事物命名时，首先需要指定对象，再对其进行命名，因此称呼在前，命名在后；例（7a）中，"有一个朋友"与"一个朋友来看我"是存在—行为的关系，先表明某人存在，再说明其动作行为。

2.3.2 两个表述系连

兼语词组包含两个表述，但在句法上却被压缩成一个单一的结构。这就造成兼语词组的语义负载加重。前一个表述 V_1+N_2 与后一个表述 N_2+V_2 之间存在不同的关系。

1. 原因—结果关系。

---

① "是、为、如、等于、姓、叫、有、属于、像"等动词仅联系两个事物，表示事物间具有某种关系，这些动词可称为关系动词。在由关系动词构成的主谓结构中，关系双方的起方叫起事，止方叫止事。

② 当事是主事发出动作的交接对象（参与者）。

（8）使我很开心 [①]

（9）令人头疼

2. 原因—目的关系。

（10）鼓励他参加比赛

（11）请他演讲

3. 领属（存在）—判断关系。

（12）有个朋友是老师

（13）有个姑娘叫小芳

4. 称呼—命名关系。

（14）称她为小天使

（15）认他做干儿子

总之，兼语词组在结构形式、语义限制和句法限制等方面与其他词组存在诸多差异，是一种特殊的词组类型。只有充分认识这些特殊性，才能有效地将兼语词组与其他词组类型区分开来。

3. 连谓词组与兼语词组有何不同？

在类型学研究中，连谓结构是指一个句子中由多项谓词性词语连用来共同表达一个事件（event）的结构，其中没有任何并列或内嵌标记来连接这些谓词性词语。由于这些谓词性词语一起表达同一个事件，因此它们在体貌（aspect）等方面要保持相同的特征值，而不可能各不相同。

连谓词组是指由两个或两个以上动词或形容词等词语连接而成、共同陈述主语 N_1 的词组类型，而兼语词组则是由一个动宾词组套接一个主谓词组串联而成的。例如：

（1）背着我说坏话

---

① 兼语词组的 V_2 通常由动词或动词性词组充当，但有些形容词也可以出现在 V_2 的位置。由于 N_2 与 V_2 构成主谓关系，也有学者用 P_2 来表示 V_2，但本书统一采用 V_2 代表兼语词组中的后一个谓词性成分。

（2）鼓励他出国读书

例（1）是连谓词组，例（2）是兼语词组。它们的不同主要表现在以下几个方面：

3.1 连谓词组与兼语词组结构上的不同

连谓词组的码化形式可以标记为 V_1（$+N_2$）$+V_2$，其中 N_2 不是必有成分。只有当连谓词组的 V_1 带宾语 N_2 时，其外在形式才与兼语词组的 $V_1+N_2+V_2$ 接近，但它们的内部结构还是存在差异的。其中最重要的区别在于 N_2 的语法身份，多数学者认为兼语词组中的 N_2 具有双重身份，它既是 V_1 的宾语，同时又是 V_2 的主语。而连谓词组的 N_2 只有一个身份，即充当 V_1 的宾语，与 V_2 之间不存在句法关系，V_2 只跟 V_1 前面的主语 N_1 构成主谓关系。但也有学者提出不同看法，朱德熙（1982）认为不能因为 N_2 与 V_2 之间存在施动关系就判定 N_2 是 V_2 的主语，主张将兼语词组并入连谓词组。范晓（1998）认为 N_2 可以是 V_2 的施事，也可以是系事[①]或起事，但这些都是"深层隐性的语法关系，因而是属于语义层面上的"。他认同兼语句的存在价值，但主张将 N_2 称为"兼格"。上述意见虽然存在分歧，但无可否认，连谓词组与兼语词组存在差异，将上面的句子进行拆分，其主语是不同的。

（1a）（N_1）背着我、（N_1）说坏话

（2a）（N_1）鼓励他、他出国读书

例（1a）中"说坏话"的主语不是"背"的宾语"我"，而是前面隐含的主语 N_1，而例（2a）中"出国读书"的主语"他"，也是"鼓励"的宾语。

不过，当 V_1 是表伴随性意义的动词，如"帮、送、扶、带领、陪同"时，连谓词组与兼语词组也会出现交叉的情况，N_2 可能与 V_2 发生语法关系，也可能不发生语法关系，需要依靠语境和语义关系加以区分。例如：

（3）帮他做作业

（4）扶老人上车

例（3）、例（4）可以进行如下拆分：

（3a）（N_1）帮他、（N_1）做作业；（N_1）帮他、他做作业；（N_1）帮他、（N_1）+

[①]　性状动词所联系的主体论元叫系事。系事是性状的系属者，是性状动词所描写的对象。

他做作业

（4a）*（N_1）扶老人、（N_1）上车；（N_1）扶老人、老人上车；（N_1）扶老人、（N_1）+ 老人上车

当 V_2 只跟 N_2 构成主谓关系时，是兼语词组；当 V_2 只跟 N_1 构成主谓关系时，是连谓词组；当 V_2 与 N_1、N_2 同时构成主谓关系时，则出现连谓词组与兼语词组交叉的现象。

连谓词组与兼语词组的交叉可以通过语法手段加以分化。当 V_1 后面带"着、了"时，V_1 + 着 / 了 + N_2 是 V_2 所指动作的方式，这时应该理解为连谓词组，而不是兼语词组。所以，"帮着他做作业""扶着老人上车"都是连谓词组。

也可以通过上下文语境辨识表伴随性意义的动词构成的词组属于连谓词组还是兼语词组。例如：

（3b）你别帮他做作业，让他自己做。（连谓词组）

（4b）他扶老人上车后才离开。（兼语词组）

3.2 连谓词组与兼语词组语义关系不同

连谓词组、兼语词组中的 N_2 与 V_2 的语义关系大致有以下几种情况：

3.2.1 N_2 是 V_2 的施事

（5）请他过来一下（兼语词组）

（6）有一个朋友住在这里（兼语词组）

3.2.2 N_2 是 V_2 的系事

（7）让我亏了很多钱（兼语词组）

（8）有个孩子病了（兼语词组）

3.2.3 N_2 是 V_2 的起事

（9）称他为师父（兼语词组）

（10）有个朋友叫乐乐（兼语词组）

3.2.4 N_2 是 V_2 的施事或与事[1]

（11）带孩子打球（兼语词组 / 连谓词组）

---

[1]　与事是跟主事和客事一块儿参与某动作行为的另一参与者成分。［参见张斌（2010）］

（12）帮妹妹做功课（兼语词组 / 连谓词组）

3.2.5 N_2 是 V_2 的受事

（13）买水果吃（连谓词组）

（14）借几本书看（连谓词组）

3.2.6 N_2 是 V_2 的工具

（15）拿铅笔写字（连谓词组）

（16）买把刀切菜（连谓词组）

3.2.7 N_2 是 V_2 的处所

（17）去图书馆借书（连谓词组）

（18）来我家玩（连谓词组）

3.2.8 N_2 是 V_2 的时间

（19）花了两个小时做饭（连谓词组）

（20）开了一个小时到达目的地（连谓词组）

例（5）～（10）都是兼语词组，N_2 分别是 V_2 的施事、系事或起事；例（11）、例（12）的语义关系比较复杂，需要根据 V_2 与 N_1、N_2 的关系判断，可能是兼语词组，也可能是连谓词组；当 N_2 是 V_2 的受事、工具、处所或时间时，则 N_2 与 V_2 不构成主谓关系，所以例（13）～（20）只能是连谓词组，不是兼语词组。

3.3 连谓词组与兼语词组句法功能存在差异

连谓词组和兼语词组都可以充当句子成分，连谓词组充当谓语的时候称为连谓句，兼语词组充当谓语的时候称为兼语句。除了充当谓语，它们还都可以充当其他句子成分。

3.3.1 充当主语

（21）走路去买东西很方便。（连谓词组做主语）

（22）请你来是老师决定的。（兼语词组做主语）

连谓词组和兼语词组做主语时，谓语通常由形容词或判断动词担任，一般动词很难进入这样的句式。

3.3.2 充当宾语

（23）欢欢不喜欢坐火车去旅行。（连谓词组做宾语）

（24）大家都同意让他试试。（兼语词组做宾语）

连谓词组和兼语词组都可以做宾语，但由于这两类词组从功能上看都是谓词性的，因此它们充当宾语时要求谓语动词必须是谓宾动词，主要包括三类：一是表达主观感受的谓宾动词，如"知道、主张、认为、赞成"等；二是既能带体词性宾语，又能带谓词性宾语的心理动词，如"喜欢、讨厌、害怕"等；三是判断动词"是"。

3.3.3 充当定语

（25）出国留学的事已经决定了。（连谓词组做定语）

（26）我们正在讨论派他出国的事。（兼语词组做定语）

连谓词组和兼语词组做定语比较自由，几乎所有的连谓词组和兼语词组都可以做定语。

3.3.4 充当补语

（27）她难过得蹲在地上哭了起来。（连谓词组做补语）

（28）她耍杂技耍得令人眼花缭乱。（兼语词组做补语）

连谓词组做补语比较受限。首先，连谓词组一般只能充当情态补语。连谓词组做补语时，V_1 往往是 V_2 的方式，如例（27）中的"蹲在地上哭了起来"，"蹲在地上"是"哭了起来"的方式，补充说明"她难过"的样子。其次，连谓词组做补语对谓语也有要求，一般要求形容词做谓语，如"难过、高兴、伤心"等。兼语词组做补语也不自由，致使类兼语词组做补语的机会较多，其中的 V_2 通常由表性状的形容词充当。

4. 兼语句的基本结构是怎样的?

4.1 兼语句的层次结构

兼语句的基本式在语义上包含两个表述，但在句法上却是一个单句形式（范晓，1996）。例如：

（1）妈妈劝爸爸别抽烟。

（2）老师鼓励学生学好功课。

（3）我有一个朋友是马来西亚人。

例（1）～（3）都可以拆分为两个独立的句子。例如：

（1a）妈妈劝爸爸。爸爸别抽烟。

（2a）老师鼓励学生。学生学好功课。

（3a）我有一个朋友。一个朋友是马来西亚人。

4.2 兼语句内部构成单位间的结构关系

兼语句的表层结构序列为 $N_1 + V_1 + N_2 + V_2$，这一点学界基本上达成共识，争议不大，但对于内部构成单位之间的结构关系却存在较大的分歧。主要反映在作为兼语的 N_2 和后动词 V_2 的语法关系上。

在兼语句中，N_1 与 $V_1 + N_2 + V_2$ 构成主谓关系，其中 N_1 是主语（可标记为 S），$V_1 + N_2 + V_2$ 是谓语（可标记为 P），S 与 P 之间存在直接的语法关系，这一点毋庸置疑，也符合兼语句的定义。

从 P 的内部成分进行分析，V_1 与 N_2 是动宾关系，它们与 N_1 构成主谓宾关系，并形成兼语句的前一个表述。例如，"妈妈劝爸爸""老师鼓励学生""我有一个朋友"都能成为一个独立的句子。但是，V_2 与其他语法单位的关系就比较特殊。首先，V_2 一般情况下不能单独与 N_1 发生句法关系，除非有伴随性动作参与。其次，V_2 和 V_1 之间只有间接关系，没有直接关系，这两个动作的主体不同，V_1 的发出者是 N_1，V_2 的发出者是 N_2，N_2 与 V_2 构成主谓关系。

4.3 兼语句的结构分析

4.3.1 句子成分分析法

（1b）<u>妈妈</u>‖劝爸爸［别］抽烟。

（2b）<u>老师</u>‖鼓励学生学＜好＞功课。

（3b）<u>我</u>‖有（一个）朋友是马来西亚人。

句子成分分析法可以清楚反映谓语部分的套叠关系，前部分的动宾词组与后部分的主谓词组通过兼语 N_2 系连在一起，构成递系关系。但是句子成分分析法也存在问题，它无法反映不同成分之间的层次关系。

4.3.2 层次分析法

（1c）妈妈劝爸爸别抽烟。

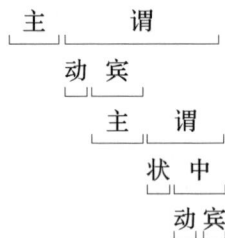

```
主 |        谓
   | 动   宾
   |    | 主 |  谓
   |    |    | 状 中
   |    |    |    | 动 宾
```

（2c）老师鼓励学生学好功课。

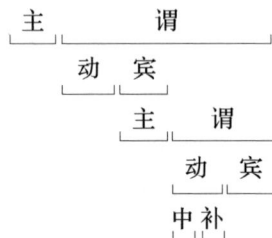

```
主 |          谓
   | 动    宾
   |     | 主  |  谓
   |     |     | 动   宾
   |     |     | 中 补
```

（3c）我有一个朋友是马来西亚人。

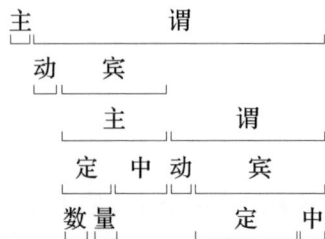

```
主 |            谓
   | 动   宾
   |    | 主   |   谓
   |    | 定 中 动   宾
   |    | 数 量    | 定 中
```

通过层次分析法可以清楚地看出，兼语词组中前部分的动宾结构与后部分的主谓结构不在同一个层级上，V_1 与 N_2 发生直接关系，与 V_2 不发生关系，V_2 只与兼语 N_2 发生直接关系。因此，多数学者认为兼语词组是由 V_1+N_2（兼语）和 N_2（兼语）$+V_2$ 系连而成的。

5. 兼语句有几种类型？

关于兼语句，有三种不同的命名角度：第一种是根据结构节点特征为这类句式命名，称为兼语句或兼语式，以黎锦熙（1924）、赵元任（1952）和中国科学院语言研究所语法小组（1952）为代表；第二种是根据整体结构的特点命名，称为递系式或递谓式，以王力（1944）、吕叔湘（1953）为代表；第三种是根据结构中关键谓语动词的语义类型为这类句式命名，称为致使句，以吕叔湘（1956）为代表。命名方式的不同说明学者们对这种特殊句式的看法不同，对兼语句内涵和外延的理解也不同。

5.1 学者对兼语句分类的分歧

大多数学者对兼语句结构特征的看法基本一致，即兼语句是由兼语词组充当谓语或独立成句的句子，而兼语词组是由动宾词组和主谓词组套叠而成的。兼语句的表层形式特征是兼语句成立的前提条件，但是对表层形式特征是否就是判定兼语句的唯一标准，学界看法不一致。有一种意见认为，兼语句除了形式特殊外，前动词 V_1 还必须包含致使义（邢欣，2004）；另一种意见则认为，兼语句前动词 V_1 可以包含致使义，也可以不含致使义（高名凯，1953）。吕冀平（1983）比较明确地指出了时间顺序的重要性，他认为兼语式后一个动作受前一个动作影响而产生，以前一个动作为前提，但是在分类时，他并没有将这一时间顺序原则贯彻始终。本书整理出不同学者关于兼语句的分类，见表 5-1。

表 5-1　不同学者关于兼语句的分类

学者	名称	形式标准	动词 V_1 标准	时间顺序原则	分类
王力（1944）	递系式	$VP_1 + VP_2$（VP_1 的谓语或宾语做 VP_2 的主语）	无	VP_1 是初系，VP_2 是次系	1. 目的语做主语（命令、帮助、容许、称、谢、怨、有无） 2. 表语做主语（是） 3. 谓语做主语（动词词组）
吕叔湘（1953）	递谓式	1. 宾语兼主语 2. V_2 的主语是 V_1 的宾语	1. 使令动词 2. 别种意义动词	前后动词是递谓关系	1. 使令类（包括选类、劝类） 2. 非使令类（留类、谢类） 3. 特殊变类（N_2 不是 V_1 的宾语）

学者	名称	形式标准	动词 V_1 标准	时间顺序原则	分类
高名凯（1957）	兼语式动句	宾语兼主语	1. 使令动词 2. 非使令动词	无	1. 使令类 2. 非使令类（留类）
陈建民（1960）	兼语式	1. 宾语兼主语 　1.1 动·名·动 　1.2 动·名·形 　1.3 动·名·名 　1.4 动·名·主谓	1. 使令动词 2. 非使令动词	无	无
胡裕树（1981）	兼语句	动词＋兼语＋兼语的陈述部分	1. 使令动词 2. 非使令动词	V_1 是原因，V_2 是目的或结果（隐含先后）	1. 使令类（包括选类、劝类） 2. 非使令类（有无类）
吕冀平（1983）	兼语式	1. 宾语兼主语 2. V_2 位置由名词充当（N_2 与名词有主谓关系）	1. 使令动词 2. 非使令动词	后一个动作以前一个动作为前提	1. 使令类（包括使令、请求、陪伴、通知、培养） 2. 心理动词类（喜欢、感谢） 3. 称呼类（称、送、起、选）
黄伯荣、廖序东（1997）	兼语句	宾语兼主语	1. 使令动词 2. 非使令动词	无	1. 使令类（包括使、派、逼、求、鼓励） 2. 表赞许、责怪或表心理活动的及物动词 3. 称呼类（称、送、起、选）
张斌（2000）	兼语句	宾语兼主语	1. 使令动词 2. 非使令动词	无	1. 使令 2. 喜怒 3. 称呼 4. 有无 5. 交接
刘月华、潘文娱、故铧（2001）	兼语句	宾语兼主语	1. 使令动词 2. 非使令动词	无	1. 使令类（使、派、请、鼓励） 2. 称谓、认定类（称、选、认为） 3. 爱憎、好恶类（喜欢、原谅） 4. 说明、描写类 5. 有无类 6. "是"类

学者	名称	形式标准	动词 V_1 标准	时间顺序原则	分类
张斌（2010）	兼语句	宾语兼主语	1. 使令动词 2. 非使令动词	无	1. 使令 2. 称呼 3. 有无
邢福义、汪国胜（2011）	兼语句	宾语兼主语	1. 使令动词 2. 非使令动词	无	1. 使令式 2. 爱憎式 3. 有无式

最初，兼语句的认定是从形式特征和时间顺序入手的，王力（1944）认为兼语句属于汉语中动词词组连用句式之一，前后动词有系连关系，所以提出了"递系式"这一说法，他把"递系式"定义为"凡句中包含着两次连系，其初系谓语的一部分或全部分即用为次系的主语者，叫作递系式"。吕叔湘（1953）的"递谓式"进一步明确了前后动作存在递谓关系。至于动词 V_1 的属性和特征，王力没有要求，吕叔湘最初认为兼语句动词 V_1 包含致使义和非致使义两类，后来他又将兼语句命名为"致使句"，这说明他对兼语句动词的语义类型并不十分确定。

随着兼语句研究的深入，越来越多的同形结构开始进入兼语句的行列，兼语句的分类也越来越细，越来越多。同时，有更多的学者开始转向以动词 V_1 的语义类型对兼语句进行分类，而原先"递系""递谓"的标准反倒被忽视了。这种研究取向带来的结果是兼语句的分类越来越多。

近十多年来，学者们对兼语句的界定变得更加谨慎，表现在三方面：一是形式的要求越来越严，二是对兼语句内部成分的限制要求越来越高，三是重新重视起时间顺序原则。

5.2 兼语句的判定标准

兼语句的判定标准及类别见下页表 5-2。

表 5-2　兼语句的判定标准及类别

序号	例句	形式标准		时间顺序	动词 V₁是否含致使义	类别
		$N_1 + V_1 + N_2$（X）	$N_2 + V_2$（Y）			
1	这件事让我高兴了好几天。	+	+	X→Y[①]	+	致使类
2	妈妈逼他早点儿休息。	+	+	X→Y	+	催逼类
3	老板派你完成这项工作。	+	+	X→Y	+	派遣类
4	我们邀请你来演讲。	+	+	X→Y	+	要求类
5	妈妈不让我们出门。	+	+	X→Y	+	允让类
6	他托我买一本词典。	+	+	X→Y	+	嘱托类
7	老师教我们说汉语。	+	+	X⇒Y	+	教导类
8	妈妈鼓励我参加比赛。	+	+	X→Y	+	鼓动类
9	我帮她洗碗。我帮你倒杯水。	+　+	+　−	X⇒Y　X→Y	+/−　−	帮带类连谓句
10	我们选他当班长。	+	+	X→Y	+	选举类
11	有个姑娘叫芳芳。	+	+	X→Y	−	有无类
12	大家都称他为王哥。	+	+	X⇒Y	−	称呼类
13	他知道我今天回来。他知道地球是圆的。	+/−　+	+　+	X→Y　X←Y	−	主谓词组做宾语

---

① “→”表示X先于Y，“←”表示Y先于X，“⇒”表示X先于Y或两者同时发生，“—”表示X与Y的时间顺序不确定。

序号	例句	形式标准		时间顺序	动词 V_1 是否含致使义	类别
		$N_1+V_1+N_2$（X）	N_2+V_2（Y）			
14	我喜欢他老实。 我喜欢他来看我。	+ +	+ +	X←Y X—Y	－ －	主谓词组做宾语
15	老师表扬我学习认真。	+	+	X ← Y	－	双宾语句
16	我买了张桌子三条腿。 我买了件衣服很好看。	+ +	－ +	X ← Y X ← Y	 +	紧缩复句
17	他原谅我小。	+	+	X ← Y		紧缩复句

根据所列的三项标准，第1～8类完全符合要求，是大多数学者认可的兼语句，通常称为使令类兼语句。第9类有歧义，如果表协助义，可以认定其为兼语句，如果表替代义，则是连谓句。只有少数学者认为第10类是兼语句，但因其完全符合标准，应该认定为兼语句。吕叔湘（1956）将选举类兼语句称为"准判断式"，动词 V_1 包括"封、拜、选、举"等，这类动词也含致使义。第11类的有无类和第12类的称呼类动词 V_1 都不含致使义，但是在学界的认可度却很高。仔细分析发现，它们不但符合形式标准，而且也遵循了时间顺序原则（存在—判断、称呼—命名）。可见，时间顺序原则是判断兼语句的重要标准。第13～15类分别由感官动词、心理动词和言语动词充当 V_1，许多学者认为由心理动词引出主谓词组的句子应属于兼语句（王力，1944；吕冀平，1983；黄伯荣、廖序东，1997；邢福义、汪国胜，2011）。但丁声树带领中国科学院语言研究所语法小组在为兼语句命名时将使用情感类动词的排除在了兼语句外，他把这些动词 V_1 不含使令、促成意义，而只表示心理活动，且后续包含主谓词组的句子归为主谓词组做宾语的句子，并通过停顿和插入状语加以分化，认为它们应该归入主谓词组做宾语句或者双宾语句中。我们认为，这类句子中动词 V_1 后面所带的成分不受时间顺序原则的约束，第13、14类的 X 与 Y 没有必然的顺向关系，第15类的

时间顺序是由 Y 到 X。第 13、14 类属于主谓词组做宾语的句子，第 15 类属于带谓词性词组的双宾语句，都不是兼语句。第 16、17 类的动词 V_1 大多由动作动词充当，有些学者将其归入兼语句，有些学者认为它们属于紧缩复句。通过递系关系分析，我们发现 X 与 Y 是结果与原因的关系，不符合前因后果的时间顺序原则，因此应该属于紧缩复句。

综上所述，判断兼语句有三条标准，其中形式标准和时间顺序原则为必要条件，动词 V_1 是否含致使义是非必要条件，只可作为分类的辅助依据。

5.3 兼语句的分类

5.3.1 含致使义类

5.3.1.1 致使类

构成这类兼语句的动词 V_1 很少，都是含致使义的动词，如"使、叫、让、令、导致、使得"等，一般不能带动态助词"着、了、过"等。这类兼语句的主语大多是表事件的，兼语后面的 V_2 通常表达一种变化的状态。例如：

（1）这次成功使我增添了信心。

（2）这件事让大家明白了一个道理。

（3）你不参加真令大家觉得失望。

5.3.1.2 使令类

这类兼语句占比最大，包含的动词也最多，是典型的兼语句。这类兼语句的主语通常是人，动词 V_1 带有使令意义，能够引发兼语 N_2 发出新的动作，可以分为九小类。

（1）催逼类

常见的动词 V_1 有"催、催促、逼、逼迫、强迫"等。句子的主语大多是施事，如果是表事件的词语，常有拟人化色彩。例如：

（4）时间催促我们赶快出发。

（5）你别逼我说出这个秘密。

（6）他总是强迫我做我不喜欢的事。

（2）派遣类

常见的动词 V_1 有"派、派遣、差遣、委派、命令、招呼、呼唤"等。例如：

（7）组织上派他去完成这个任务。

（8）谁差遣你做这件事？

（9）长官命令士兵出发。

（3）要求类

常见的动词 V_1 有"要、要求、请、请求、求、叫、乞求、恳求"等。例如：

（10）他要我告诉你这件事。

（11）孩子求妈妈原谅他。

（12）老师叫你马上去见他。

（4）允让类

常见的动词 V_1 有"让、许、允许、容许"等。例如：

（13）妈妈不让我出去玩。

（14）妈妈不许我跟他玩。

（15）我只容许你一个人进来。

（5）嘱托类

常见的动词 V_1 有"托、委托、拜托、嘱咐、叮嘱、吩咐"等。例如：

（16）他托我找一个人。

（17）妈妈嘱咐我别忘了锁门。

（18）我吩咐他转告这件事。

（6）教导类

常见的动词 V_1 有"教、教导、培养、指导、指引、训练、辅导、指挥"等。例如：

（19）他教我弹钢琴。

（20）妈妈培养我当画家。

（21）老师辅导他学习数学。

（7）鼓动类

常见的动词 V_1 有"鼓励、鼓动、怂恿、动员、发动、组织、劝"等。例如：

（22）哥哥鼓励我学习音乐。

（23）学校动员同学们捐款。

（24）妈妈劝我别出去。

（8）帮带类

常见的动词 V_1 有"带、领、带领、率领、领导、引导、帮、帮助、协助、陪、送、陪同、护送、扶、搀、搀扶"等。例如：

（25）妈妈带我去公园玩。

（26）他帮我扫地。

（27）我陪你上街买东西。

具有帮带义的动词比较特殊，所构成兼语句的主语有时也会跟 V_2 产生语义关系，这时可能会产生歧义，需要根据上下文判断是兼语句还是连谓句。

（9）选举类

常见的动词 V_1 有"选、选举、提拔、任命、留"等。例如：

（28）同学们选他为班长。

（29）领导提拔他任经理。

（30）政府任命他当大使。

5.3.2 不含致使义类

5.3.2.1 有无类

这类兼语句的动词 V_1 是"有、没有、无"等，动词 V_1 后面充当兼语 N_2 的名词或代词可以是表人的，也可以是表物的，由兼语 N_2 所带出的 V_2 通常是对 N_2 的说明或描述。

有无类兼语句又可以分为表领有义的和表存在义的。例如：

（31）我有一个朋友是老师。（领有）

（32）他有一辆车很漂亮。（领有）

（33）村里有个姑娘叫小芳。（存在）

（34）远处有人在看着你。（存在）

5.3.2.2 称呼类

常见的动词 V_1 有"称、称呼、叫、认、封、追认"等。这类动词既可以带双宾语，又能够组成兼语句。如果 N₂ 后面直接接另一个名词，则是双宾语句；如果 N₂ 后面出现另一个动词，如"当、为、做"等，则是兼语句。例如：

（35）他认我当哥哥。

（36）我们都称他为大师。

（37）他封自己做班长。

6. 为什么说兼语句是一种特殊句式？

自从 20 世纪 50 年代兼语句的相关理论产生之日起，关于这种句式的存废问题一直存在争议。有学者认为兼语句不是独立句式，应该取消（史存直，1954、1984；萧璋，1956；张静，1977；苏丹洁，2012；钟良，2017）；也有学者主张将其归并入其他句式（朱德熙，1985）；但绝大多数学者认为兼语句有其特殊性，应该在汉语语法体系中占有一席之地。

6.1 主张取消兼语句的观点

梳理主张取消兼语句的观点，主要有以下几方面的原因：

6.1.1 兼语句有悖语法理论

史存直（1954）认为，一个单句只能有一个叙述，而兼语句承认单句内部存在两个叙述，这不符合汉语语法理论，他主张将 V₂ 看作 V₁+N₂ 的补语。萧璋（1956）从形式出发，认为 V₂ 部分不读重音，并且可以倒置，认为可将 V₂ 看作 V₁ 的补足语，归入扩大的主从动词词组和复句里去。张静（1977）也认为，兼语式不符合单句只有一套组织中心的特点，兼语式里的 N₂ 要么做 V₁ 的宾语，要么做 V₂ 的主语，不能身兼主、宾二职，句子中出现了两个不分主次的主语，句子是不能成立的。张静主张将兼语句按类别分化，分别归入双宾语句、紧缩复句和使动句。

6.1.2 兼语句中的"兼语"不存在

朱德熙（1985）从语法和语义两个层面分析了兼语句的构成，赞成取消兼语句的名称，但名称所指的特殊语法结构是取消不了的，需要给它找到"归宿之处"。他认为"兼语"的说法不能成立，N_2 在语义关系上是 V_1 的受事和 V_2 的施事，但在结构形式上只做 V_1 的宾语，不能做 V_2 的主语。他认为不应该将 N_2 与 V_2 构成施动关系的句子从连谓句中分离出来另立一类，最好还是将兼语句看作连谓句的一个分支。朱先生并没有否定兼语句属于复杂谓语的句法特点，他认为兼语句无法归入现有语法的任何一个句法结构类型，它不是主谓、动宾、动补、偏正、联合关系。兼语句作为一种特殊结构，有存在的价值，只是没有独立建类的必要。

6.1.3 兼语句内部杂乱无章

张静（1977）认为兼语式是个"大杂烩"，"无所不包，无所不管"。内部的构成十分混乱，包含了各种不同类型的句子。史存直（1984）也认为兼语句的规律性不强，设立"兼语"会徒然增加语法学习者的麻烦。苏丹洁（2012）认为兼语句是用一条明显的句法规则将一大堆看似纷繁无序的汉语句子统一起来，"兼语"既不能很好地解释其句法特点，也不能解释句式本身的意义，还会使人们意识不到其内部所包括句型各自独特的语义特征，对认识这类汉语句子系统及相关的语言规律并无裨益，主张用构式语块分析的新方案取代兼语句。钟良（2017）从教科书与语法著作的对比入手，分析了兼语句和连谓句的异同，认为兼语句虽然有固定的形式，但仅凭形式还难以将兼语句确立为独立的语法范畴。兼语句在次范畴命名上十分混乱，这种混乱体现出兼语句在语法意义和形式上的难以统一。

取消兼语句的一些观点是切中要害的。首先，兼语句的确存在内涵模糊不清和外延无限扩张的情况。张静（1977）对兼语句的重新归类是十分有价值的，也促使学者重新研究兼语句的边界问题，逐步厘清了兼语句和双宾语句、主谓词组做宾语句及紧缩复句的界限。其次，朱德熙的研究证明，连谓句与兼语句的确存在密切关系，具有共同特点，如同属复杂谓语句、都遵循时间顺序原则等。再次，对兼语句句式意义的研究还很薄弱，胡明扬（1958）提出："一个语法形式要表达特定的语法意义，一个语法意义要有相应的语法形式去表达。"但是目前对兼语句句式意义的研究还不够深入，我们还不能总结出兼语句的句式意义。这就给兼语句的教学带来了许多困难。那么，兼语句真的应该取消吗？

6.2 反对取消兼语句的观点

6.2.1 "递系"和"连谓"是汉语的特点

兼语句是单句的形式、复句的意义，这类句子有点儿接近复合句，称为复杂谓语句或者繁句。吕叔湘（1956）把句子分为简句和繁句，凡含有两个或更多词结①的句子都称为繁句，有广义和狭义之别。繁句的结合可以是"构造的结合"，例如一个词结是另一个词结的主语；也可以是"关系的结合"，即词结与词结凭因果、比较、并时、先后等关系相结合。狭义的繁句，就是里头的词结一个套住一个，是拆不开的，假如拆开，一定有一个词结站不住；广义的繁句也叫复句，里头的词结是拆得开的。兼语句就是狭义的繁句。这段话包含两层意思：一是兼语句在结构上是固定的，具有特殊的表达功能，不能轻易拆分，但是在意义上是可以拆分的；二是兼语句与复句不同，它主要不是通过词组间的关系义（如因果、比较等）来表达结构的意义，而是通过形式特征来凸显句子的整体意义。

兼语句、连谓句都是介于单句和复句之间的一种句式。王力（1944）最早发现汉语中大量存在这类句子，因此提出了"递系"的观点。朱德熙也认为兼语句属于复杂谓语类型，内部包含了两个表述。

其他支持连谓说的学者还有不少。高名凯（1953）将兼语句称为复杂的动句；吕冀平（1958、1983）把兼语句称为"复杂谓语"之一，他认为这种复杂性不同于多项词语组合成联合词组，也有别于多项偏正词组的组合，而是采用了特殊的形式，这种谓语复杂化是汉语语法的特点；宋玉柱（1991）称之为谓词连用式。

6.2.2 兼语句无法归入其他类别

6.2.2.1 补语说

黎锦熙（1924）认为应该把 V_2 看作 N_2 的补语。史存直（1954）也持这种观

---

① 指词组或者分句，笔者注。

点，并从句本位观点出发，将 N_2 看作 V_1 的宾语，将 V_2 看作 V_1 的补语。标记为：

$N_1 \parallel V_1 N_2 <V_2>$

这种观点显然夸大了补语的使用条件和范围，与现行汉语补语的用法存在很大的差异。首先，汉语补语是补充说明谓语的，而兼语句中的 V_2 显然与 V_1 无关。例如：

（1）这件事使我感动。

（2）他请大家看电影。

这里的"感动"和"看电影"只跟"我"和"大家"发生直接关系，不跟"使"与"请"发生直接关系。

其次，补语是次要成分，通常后面不加动态助词"着、了、过"等。但是，使令类兼语句属于双核动词谓语句，主要谓语可以落在动词 V_1 上，也可以落在动词 V_2 上。所以动词 V_2 后面常常可以加"了"，V_2 还通常被认为是兼语句的句子焦点。例如：

（1a）这件事使我感动了很久。

（2a）他请大家看了电影。

6.2.2.2 双宾语句说

张静（1977）认为使令类兼语句应该归入双宾语句，因为它们符合双宾语句的一些特点。例如：

（3）我鼓励他参加比赛。

（4）你告诉他小心点儿。

张静认为动词在汉语里可以直接做宾语，既然动词可以做宾语，那么 N_2 和 V_2 就可以拆分成两个宾语，可以分别针对两个宾语进行提问。例如：

（3a）你鼓励谁？

（3b）你鼓励他什么？

（4a）你告诉谁？

（4b）你告诉他什么？

但是，使令类兼语句通常还可以用"做什么"对 V_2 提问，双宾语句没有这种提问方式。例如：

（3c）你鼓励他做什么？

（4c）＊你告诉他做什么？

此外，双宾语句中直接宾语除了可以单独跟动词谓语发生动宾关系，构成完整的句子外，还可以提前到句首，但使令类兼语句不行。例如：

（3d）＊参加比赛，我鼓励他。

（4d）小心点儿，你告诉他。

6.2.2.3 使动句说

张静认为致使类动词如"使、叫、让"等意义虚化，应该看成跟"被、把"相同的介词，不应再分析为动词。由这几个词构成的兼语式，其 V_1 不是谓语，V_1 与 N_2 合起来组成介词结构做 V_2 部分的状语，这样的句子称为使动句。例如：

（5）我会使你满意的。

张静认为这类句子应该效仿"被"字句的分析方法，按使动式单句处理。如"我被他批评了"，"被他"是介词结构，做"批评"的状语，整个句子的主干是"我批评了"，"我"是被动主语。"我会使你满意的"，"使你"也是介词结构，做"满意"的状语，"我"是使动主语。

首先应该承认，这类兼语句的动词的确有虚化现象，"我会使你"似乎很难成句，但因此认定"我会使你满意的"是由两个主谓结构套叠形成的，有点儿勉强。关于"使、让、叫、令"等致使动词是否真的虚化成介词，学者的意见存在分歧。

吕叔湘（1956）认为这些动词都有让后面的宾语 N_2 有所动作或变化的意思，因此后面不但要出现 N_2，还要在 N_2 后面加一个动词或形容词，构成一个表述。因此，应该看作动词。不过，这类致使动词构成的兼语句一般要整体使用，不能拆分使用。换句话说，它们只能构成兼语句。

项开喜（2002）认为兼语句属于双施力结构式，在这种结构中，N_1 是"主使者"（causer），是间接施力成分，V_1 是使令动词（包括致使类动词），N_2 代表"受使者"（causee），也叫直接施力成分。间接施力成分对结果是否能实现具有某种控制力，但由于动词 V_1 的性质不同，控制的强度存在差异。致使类动词"使、让、叫、令"等对 N_2 的控制力是较弱的，它们已经没有动作义或变化义了，出现了语法化的倾向，但动词"使"的语法化过程还没有完成，仍然应该将其看作动词。

但是，致使类兼语句与使令类兼语句的确存在差异。致使类兼语句的 N_1 多是一些表抽象事物的成分，施事性特征比较弱，整个句式也不是表示高及物性的事件，而是指 N_2 在一定使因作用下发生某种变化。由于受整个句子句法语义的影响，N_2 的施事性特征也很弱。

致使类动词"使"并未完全虚化的另一个佐证是与它意思相近的动词"使得"依然在使用。"使"与"使得"的关联性较强，在一定条件下也存在替换关系。例如：

（6）这件事使我很开心。

（7）这件事使得我很开心。

6.2.2.4 紧缩句说

张静承认要将兼语句中表称谓的一类排除出兼语式有一定的困难。例如：

（8）大家叫他作肖队长。

他认为例（8）这种表述是近代汉语的遗留，现代汉语一般不这么说，通常表述为"管他叫肖队长"或"把他叫作肖队长"，建议将其划到紧缩复句里。实际上，这类句子并不少见。例如：

（9）我们都称他为小老师。

（10）他认我当师父。

（11）你们别当我是傻瓜。

还有就是有无类兼语句了。例如：

（12）有人找你。

（13）有一本书，叫作《林海雪原》。

对此，张静有两种处理方案，例（12）"有人找你"中的"有人"应该看成指称词（吕叔湘，1956），带有介绍作用，如果上文没有提到过，则带有无定性质，需要介绍一下。就该句而言，这样的解释或许说得通，但延伸出去恐怕就说不通了。因为"有"的主语 N_1 是可以出现的，而且还有两种不同的意义，一是表领有，二是表存在。例如：

（14）我有一个朋友要找你。

（15）学校外边有一个人找你。

例（14）、例（15）中的"有"都为动词是不容置疑的。

张静的另一个处理方案是将有无类兼语句归入紧缩句。如例（13）在"书"后出现了停顿，这与兼语句对结构紧凑性的要求是不一致的。张静的这个观点是有一定道理的。分句间可以停顿的确是紧缩句的特点，有无类兼语句中的确有停顿与不停顿共存的情况。例如：

（16）我有一个朋友是新加坡人。

（17）我有一个朋友，是新加坡人。

根据语感，例（16）和例（17）有细微差别，例（16）倾向于介绍，例（17）则带有顺着前面往下说的意思，倾向于进一步说明，将例（17）列为紧缩句比较合适。针对这种情况，我们可以比照连谓句的处理方法，将不停顿的归入兼语句，将停顿的归入紧缩句。

6.2.2.5 连谓句说

兼语句与连谓句在码化形式上十分接近，都是 $N_1+V_1+N_2+V_2$，其中 V_1 和 V_2 构成复杂谓语。朱德熙（1985）认为，连谓句和兼语句的表层结构是一样的，不同之处在于深层的语义关系。例如：

（18）你请他来。 N_2 是 V_2 的施事   （兼语句）

（19）你买书看。 N_2 是 V_2 的受事   （连谓句）

（20）你陪他去。 N_2 是 V_2 的与事   （兼语句）

（21）你拿刀切。 N_2 是 V_2 的工具   （连谓句）

（22）你上街玩。 N_2 是 V_2 的处所   （连谓句）

（23）你花一天时间做。 N_2 是 V_2 的时间   （连谓句）

（24）你开窗睡。 N_2 与 V_2 没有明显关系 （连谓句）

朱德熙认为例（18）～（24）都是连谓句，兼语句只是上述连谓句中的一小类，单独建类是不妥当的。

朱德熙的观点有很强的说服力，他抓住了兼语句和连谓句的三个相同点：一是它们都是复杂谓语句，V_1 与 V_2 没有隶属关系；二是它们都至少有两个表述；

三是它们都遵循时间顺序原则，可以扩展和延伸。例如：

（25）妈妈<u>让</u>我<u>叫</u>你<u>邀请</u>张先生<u>教</u>孩子<u>学习</u>。

（26）妈妈<u>坐</u>车<u>去</u>商店<u>买</u>了礼物<u>给</u>我。

　　但是，朱先生没有说明兼语句与连谓句之间存在两个不同之处。首先，兼语句的两个动词是不同主体发出的，其中 N_2 为直接施力成分，通常是作为突显论元，兼语句的语义焦点是在 N_2+V_2 上。而连谓句不同，它只有一个直接施力成分 N_1，V_1 和 V_2 都跟它发生关系。其次，连谓句中虽然有多个谓语，但是它们是在同一个层面上的，动作之间的线索是清晰明确的，而兼语句中 V_1 与 V_2 由不同主体发出，因此不在一个层面上，动作之间的逻辑线索也不明确。

（25a）妈妈让我

　　　　　我叫你

　　　　　　　你邀请张先生

　　　　　　　　　张先生教孩子

　　　　　　　　　　孩子学习

（26a）妈妈坐车→妈妈去商店→妈妈买了礼物→妈妈给我

　　我们认为，兼语句与连谓句的上述差异是明显的，应该加以区分。肖奚强（2009）的统计显示，兼语句在汉语母语者语料库中的出现频率高于连谓句，而在中介语语料库中的出现频率却远低于连谓句。这说明两点：一是兼语句具备从连谓句中分离出来单独建类的条件，这样更有利于总结其特点，发现其内在规律；二是外国学生掌握兼语句的水平可能不如连谓句，抑或在学习过程中有意无意地回避使用兼语句，这也说明了独立研究兼语句的必要性。

6.2.2.6 构式语块说

　　苏丹洁（2012）沿用朱德熙（1982）的观点，认为在句法上，兼语句的 N_2 只跟 V_1 发生直接关系，是 V_1 的宾语，跟 V_2 并不发生直接关系。在有些人称代词区分主宾格的方言里，N_2 用的是宾格，而不是主格。另外，苏丹洁认为兼语句不仅在与双宾语句和主谓词组做宾语句的划界上存在困难，而且"兼语"不能很好地解释自身的句法特点，更不能解释句式本身的意义，因此认为应该取消兼语句。

苏丹洁主张取消兼语句，但并未明确这类句式应该如何归类，是归入连谓句、主谓词组做宾语句，还是含有一个谓词性宾语的双宾语句。在分析方法上，苏丹洁（2011）主张用构式语块分析法取代结构主义层次分析法，并列出了七种基本构式，分别是：

（1）使令构式。

公司派我去出差。（使令者—使令方式—使令对象—使令内容）

（2）致使因果关系构式。

被小人中伤使我的工作陷入困境。（致使原因—致使关系—致使对象—致使结果）

（3）对象行为允禁构式。

老妈不准我抽烟。（允禁者—允禁立场—允禁对象—允禁行为）

（4）对象属性认定构式。

老师选她为优秀学生。（认定者—认定方式—认定对象—认定结果）

（5）好恶原因构式。

丈夫嫌我啰唆。（感受者—好恶态度—感受对象—好恶原因）

（6）事件行为协作构式。

大家跟随他到郧阳山中。（协作者—协作方式—协作对象—协作行为）

（7）说明存在物之性状行为的存在构式。

房间里有一个床头灯是坏掉的。（存在处所—存在关系—存在物—存在物的性状行为）

我们认为苏丹洁列举的七种构式并没有从根本上否定兼语句，而只是对兼语句进行了句式义上的归纳和说明，这些归纳和说明对我们进一步掌握兼语句内部的细微差异是有作用的。但由于苏丹洁没有掌握全面系统的汉语构式框架，仅以七种构式来统摄兼语句，这是有问题的，更不能解释所有的汉语句式。（肖奚强，2017）但不可否认，苏丹洁对兼语句的句式意义的分析是值得借鉴的。

综上所述，我们认为目前学界对兼语句存废问题的讨论对推动兼语句研究的深入十分必要，也帮助我们厘清了一部分兼语句定性和定类的问题。可是，正如吕叔湘（1979）所言："自从连动式出现在语法著作中以来，一直有人要取消它，也一直没取消得了……兼语式也仍然一直有人要取消它，也一直到现在没取消了。"

7. 兼语句对前动词V₁有哪些要求？

前动词 V_1 在兼语句的构成过程中起着决定性作用，它不仅是兼语句区别于其他句式的重要标志，也是兼语句内部分类的主要依据。前动词 V_1 的特点首先是它能够带名词性宾语，并能够引发宾语发出新的动作、产生新的状态或变化。其次是 V_1 后通常不带补语成分。前动词 V_1 是一个封闭的系统，数量非常有限。根据 V_1 的语义特点，可以将其分成含致使义和不含致使义两大类，其中含致使义的 V_1 又分两小类，一类为单纯致使义动词，只有"使、让、叫、令"等少数几个，另一类为多义使令义动词，数量比较多，包括"派、命令、鼓励、逼、要、请、陪、带、嘱咐、教导、培养、选、聘"等。不含致使义的动词 V_1 也分两类，一类是表领有义或存在义的动词，主要有"有、没、没有、无"等，另一类是表称呼义的动词，主要有"称、称呼、叫、认、封"等。

除了共性外，前动词 V_1 还有不同的个性，构成兼语句时的语法和语义要求也不同。

7.1 致使类兼语句对 V₁ 的要求

致使类兼语句的 V_1 与一般动词差别很大，主要表现在以下几个方面：

7.1.1 致使类兼语句 V_1 的语法特点

1. "使、让、叫、令"等致使义动词的自足性很差，即不能单独回答问题，与后面的宾语组成动宾结构 V_1+N_2 后依然不能成句。

2. 后面不能加动态助词"着、了、过"。

3. 必须与 V_2（动词、形容词、主谓词组等）结合才能构成合法的句子。

例如：

（1）忙碌的工作使他的身体越来越差。

（1a）* 忙碌的工作使了他的身体越来越差。

（1b）* 忙碌的工作使他。

例（1a）和例（1b）都不能成句，只有例（1）是合法的句子。

4. "使"的否定形式在两个位置出现——V_1 前或者 V_2 前。例如：

（2）他的成功使我非常开心。

（2a）他的成功没有使我非常开心。

（2b）他的成功使我不开心。（嫉妒他的成功）

（3）交通意外没有使列车晚点。

（3a）交通意外使列车没有准时抵达目的地。

7.1.2 致使类兼语句 V_1 的语义特点

"使"从语义上看是兼语句致使义的标记，它的作用在于导出致使对象——使事，并助推使事产生新的行为或状态。如果缺乏"使"的影响和作用，其后面的使事就无法凸显出来，"使"是前因和后果之间的纽带。

例（1）中，"忙碌的工作"是因事事件，"越来越差"是因事作用于使事"他的身体"产生的结果。

例（3a）中，"交通意外"是因事事件，"没有准时抵达目的地"是因事作用于使事"列车"产生的结果。

7.1.3 致使类兼语句 V_1 的语用功能

致使动词"使"最重要的语用功能是凸显致因和致事、致果之间的致使关系，它的表达功能比因果表达要复杂，既隐含因果关系，又凸显致使关系。如果将例（1）、例（3a）改成因果复句，则致使关系被削弱。例如：

（1c）因为忙碌的工作，所以他的身体越来越差。

（3b）因为交通意外，所以列车没有准时抵达目的地。

7.2 使令类兼语句对 V_1 的要求

使令类兼语句的 V_1 比较复杂，各小类动词的用法大同小异。使令类兼语动词 V_1 的共同特点是：

1. V_1 都能够单独回答问题，与后面的宾语构成动宾词组 $V_1 + N_2$ 后也都可以成句。

2. 这类 V_1 动词虽然性质不同，有些是言语动词，有些是动作动词，但动作的主体都具有自主性，V_1 前面的主语都是动作的发出者，语义上具有［＋生命］特征。

3. 使令类兼语句的否定系统非常完善，否定成分既可以在 V_1 前，也可以在 V_2 前，不过各小类之间存在差异。V_1 动词既可以用"不"否定，也可以用"没有"否定。

4. 动词前面都能加修饰性附加成分。

例如：

（4）将军没有命令士兵撤退。

（5）我们这次没有请他来。

（6）姐姐没有辅导妹妹做功课。

（7）我们不派运动员参加运动会。

（8）妈妈嘱咐我别忘了关门。

（9）他常常逼我帮他说谎。

（10）大家都鼓励他出国上大学。

（11）他总是帮我解决问题。

但是，这类动词内部也存在一些差异，有些动词有自己的特点，例如：催逼义、派遣义和帮带义动词有时可以后加动态助词"着、了、过"；选举义动词对后动词 V_2 的限制性很强，只有"为、当、作"等少数动词可以进入这类兼语句。例如：

（12）他常常逼着我做我不愿意做的事。

（13）我国政府派遣了一批留学生出国学习。

（14）我从来没有邀请过他参加会议。

（15）大家选我当代表。

绝大部分使令类兼语句都可以转换成"把"字句，但是一些表言语行为的动词，如允让义、嘱托义动词在构成兼语句后不能转换为"把"字句。例如：

（16）公司派他去完成这个任务。

（16a）公司把他派去完成这个任务。

（17）我们邀请他来给学生上课。

（17a）我们把他邀请来给学生上课。

（18）妈妈培养孩子成为一名出色的工程师。

（18a）妈妈把孩子培养成为一名出色的工程师。

（19）老师允许我们去做试验。

（19a）*老师把我们允许去做试验。

（20）爸爸每天上班前都嘱咐孩子好好学习。

（20a）*爸爸每天上班前都把孩子嘱咐好好学习。

7.3 有无类兼语句对 V_1 的要求

有无类兼语句的主要动词包括"有、没有、无"等。"有"的否定形式是"没有","无"是另一种否定形式,多出现在文言文或成语中。"有"的意义和用法较复杂,使用频率也较高,以下主要谈"有"构成兼语句的条件。

7.3.1 "有"的一般语法特点

"有"是关系动词,本身不表示动作行为,也不含致使义。其语法特点是:

1. 不能受否定副词"不"的修饰,不能说"不有书"。

2. 前面可以受副词或能愿动词修饰,如"已经有书了""会有书的"。

3. 不能重叠,不能说"有有"。

4. 后面不能跟补语。

这些一般语法特点同样适用于有无类兼语句。"有"在兼语句中的主要功能是引介新话题。

7.3.2 "有"的语义类型

1. "有"字句基本式语义类型。

"有"字句基本式有三种类型:A 型的码化形式是"N_1＋有＋N_2",B 型的码化形式是"N_1＋V 有＋N_2"(V 是动作动词),C 型的码化形式是"N_1＋有＋V"。其中,"有"的意思包括"领属、领有、具有、达到、存在、包括、发生、拥有"等。

（1）A 型的语义关系。

①N₁ 是名词性的，N₁ 与 N₂ 是整体与组成部分的关系，"有"含领属义。例如：

（21）兔子有两只大耳朵。

（22）图书馆有三个阅览室。

（23）他有一条腿。

②N₁ 是名词性的，N₂ 为 N₁ 所有，"有"含领有义，N₂ 可以是具体的事物，也可以是抽象的事物。例如：

（24）我有一台手提电脑。

（25）王老师有两个女儿。

（26）我没有事。

③N₁ 多为名词性的，N₂ 是 N₁ 所具有的某种性状或属性，"有"含具有义，"有"前面可以加"很""非常"等程度副词修饰，N₂ 多为抽象名词。例如：

（27）这位老师有水平。

（28）他有经验。

（29）这种小吃很有特色。

④N₁ 多为名词性的，N₂ 是 N₁ 所达到的数量水平，"有"含达到义，N₂ 后面可以用"那么＋形容词"来扩展。N₁ 有时可以由主谓词组充当，N₂ 则是主谓词组中动词所达到的数量水平。例如：

（30）这座楼有 300 米。→这座楼有 300 米那么高。

（31）这间教室没有 30 平方米。→这间教室没有 30 平方米那么大。

（32）今天到博物馆参观的有 500 人。→今天到博物馆参观的有 500 人那么多。

（33）他生病有两年了。→他生病有两年那么久了。

⑤N₁ 为处所词或时间词，表示某处或某时存在着 N₂，"有"含存在义。例如：

（34）楼下有一个游乐场。

（35）昨天有雨。

（36）刚才操场上有很多人。

⑥N₁ 多为名词性的，N₂ 包含于 N₁，"有"含列举、包括义。例如：

（37）参加运动会的有初一和初二的学生。

（38）课程的种类有语言、文学和历史等。

（39）我收集的标本有蝴蝶、蜘蛛、蜻蜓等。

（2）B 型的语义关系。

①N₁ 为表处所或方位的词语，"有"前面多为单音节动作动词，少数情况下也可以是双音节动词，"有"含存在义，"有"前的动词表示存在的方式等，"有"换成"着"后可以变为存现句。例如：

（40）画儿上盖有作者的印章。→ 画儿上盖着作者的印章。

（41）门上贴有一副春联。→ 门上贴着一副春联。

（42）这家博物馆收藏有许多名画。→ 这家博物馆收藏着许多名画。

②N₁ 是名词性的，"有"前面多为单音节动作动词，少数情况下也可以是双音节动词，"有"含拥有义，"有"前动词表示拥有的方式等。例如：

（43）张爱玲著有多部小说。

（44）他收藏有一幅名画儿。

（45）这款手机安装有最先进的芯片。

（3）C 型的语义关系。

①N₁ 是名词性的，"有"后面是动词性词语，表示 N₁ 的变化，"有"含有发生小幅度变化的意思。例如：

（46）他的病情有好转。

（47）经济规模有扩大。

（48）孩子的学习态度有改变。

②N₁ 是名词性的，"有"后面是"名词 + 那么 / 这么 + 形容词"的结构形式，用来比较，表示 N₁ 的量度与后段名词的量度相当或接近，"有"含有达到义。例如：

（49）这次的冰雹有乒乓球那么大。

（50）弟弟已经有姐姐那么高了。

（51）我的房子没有你们家的这么大。

7.3.3 "有"字句扩展为有无类兼语句的条件

1."有"含有领属（有）义和存在义。

2. "有" 前面的 N_1 有两类：一类是表客观事物的名词、代词或名词性词组；一类是表处所或时间的名词、代词或方位词组。前者构成领属（有）义的兼语句，后者构成存在义的兼语句。

3. "有" 后面所带的宾语也必须是名词性词语，这个名词性词语通常带有数量词组做定语，还是后续成分的施事、系事或起事。

4. "有" 具有引进新话题的功能。

能够满足以上四项条件的 "有" 字句小类只有三个，分别是 A 型语义关系下的①、②、⑤。例如：

（21a）兔子有两只大耳朵非常漂亮。

（22a）图书馆有三个阅览室供读者使用。

（23a）他有一条腿断了。

（24a）我有一台手提电脑坏了。

（25a）王老师有两个女儿在上大学。

（34a）楼下有一个游乐场很漂亮。

（36a）刚才操场上有很多人在锻炼身体。

7.4 称呼类兼语句对 V_1 的要求

7.4.1 称呼类兼语句 V_1 的语法特点

1. 称呼类兼语句中 V_1 的自足性很差，不能独立成句，也不能单独回答问题，只能跟少数动词 V_2，如 "是、为、做" 等，构成 "N_1＋称（呼）＋N_2＋是/为……" 或 "N_1＋称＋N_2＋做……" 等少数结构。

2. V_1 可以受否定副词 "不、没有" 修饰，"不" 和 "没有" 只能出现在 V_1 前，不能出现在 V_2 前。

3. V_1 后面一般不能加动态助词 "着、了、过"。

例如：

（52）大家都称他是好样的。

（53）政府追认他为 "战斗英雄"。

（54）你为什么不认他做师父。

7.4.2 称呼类兼语句 V_1 的语义特点

称呼类兼语句中的 V_1 只有指称义，不含致使义或使令义，是一个封闭的小系统。常用动词只有"称呼、称、叫、认、封、追认"等。

称呼类兼语句 V_1 与 V_2 的关系是条件和结果的关系，称呼是命名的前提条件，称呼在前，命名在后。

7.4.3 称呼类兼语句 V_1 的语用功能

称呼类兼语句中 V_1 的语用功能主要是引出命名的对象。

8. 兼语句对后动词V_2有哪些要求?

采用 V_2 代表兼语后的谓语部分，是一种简单化的处理方式。实际上 V_2 的构成是十分复杂的，不同小类的兼语句在 V_2 的选择上也存在很大的差异。

兼语句中的 V_2 都是谓词性的词语，可以是动词、形容词，也可以是各种动词性或形容词性的词组，包括动宾词组、状中词组、中补词组、连谓词组、联合词组和主谓词组等。后动词 V_2 与兼语 N_2 发生直接关系，语法上构成主谓关系，语用上是被陈述对象（N_2）和陈述（V_2）的关系。N_2+V_2 构成了兼语句的第二个表述，V_2 选择什么类型的词语与兼语句的类型和前动词 V_1 有关。

8.1 致使类兼语句的 V_2

致使类兼语句的 V_2 表示相应于 V_1 产生的动作或情态（吕冀平，1983），可以是静态的，也可以是动态的。

1. V_2 是表性状的形容词或形容词性的状中词组、中补词组。例如：

（1）考试成绩令人失望。

（2）朋友的支持和帮助使我非常感动。

（3）获得最佳女主角奖令她开心得不得了。

2. V_2 是表动作的动词或动词性的动宾词组、状中词组、中补词组。例如：

（4）虚心使人进步，骄傲使人落后。

（5）经过不断训练，终于使他们掌握了这项技术。

（6）这件事真令人难以置信。

（7）项目圆满完成终于使我们可以休息一下了。

3. V_2 是连谓词组、联合词组或主谓词组。例如：

（8）妈妈让他别躺着看书。

（9）长期失眠使他烦躁不安。

（10）这种药吃了真的会让人头昏眼花。

（11）听音乐可以让人心情愉悦。

8.2 使令类兼语句的 V_2

使令类兼语句的 V_2 基本上是动词性的，是 N_2 接受 V_1 指令后的行动。部分 V_2 后面可以加动态助词"着、了、过"，这说明使令类兼语句的语义重心是在第二个表述（N_2+V_2）上的。

1. V_2 是动词或动词性词组。例如：

（12）你别派他去。

（13）妈妈催他赶快起床。

（14）小偷儿被抓后请求我不要送他去公安局。

（15）他搀扶着老人过了马路。

（16）我们已经选他当了代表。

（17）请你来一下。

（18）学校花心血培养他成为一名飞行员。

（19）他恳求我手下留情。

2. V_2 是连谓词组或兼语词组。

有时，动词 V_2 可以是连谓词组或另一个兼语词组，形成兼语句与连谓句的套用或兼语句的连用。例如：

（20）我们请他来我家玩了两天。

（21）他让我请王大夫到家里给老人家看病。

大部分动词 V_2 都有否定形式，有些类型的兼语句，如嘱托类、选举类、帮带类等，动词 V_2 受到动词 V_1 的制约没有否定形式。例如：

（22）我叫他来。

（22a）我叫他别来。

（23）将军命令士兵打开城门。

（23a）将军命令士兵不要打开城门。

（24）他求警察抓他。

（24a）他求警察别抓他。

（25）老师允许他参加活动。

（25a）老师允许他不参加活动。

（26）妈妈嘱咐他早点儿回家。

（26a）*妈妈嘱咐他别早点儿回家。

（27）我们选他当班长。

（27a）*我们选他不当班长。

（28）我们协助护士完成这项工作。

（28a）*我们协助护士没完成这项工作。

8.3 有无类兼语句的 V_2

有无类兼语句的 V_2 通常由表判断、动作或性状的动词（词组）、形容词（词组）充当。

1. 表领有义或包含义兼语句的 V_2。

（1） V_2 是表判断的"是、乃"或表称呼的"叫"等。例如：

（29）我有一个朋友是中国人。

（30）我们公司有一个秘书叫小白。

（2） V_2 是动词性的状中词组、中补词组或动宾词组。例如：

（31）我有一个朋友刚从美国回来。

（32）这部电影有几个画面美极了。

（33）我们班有几位同学参加了本届运动会。

（3） V_2 是形容词性的状中词组或中补词组。例如：

（34）张师傅有一个徒弟很老实。

（35）他有个弟弟瘦小得很。

（4）V_2 是主谓词组或联合词组。例如：

（36）他有个弟弟性格暴躁。

（37）张老师有个女儿又善良又美丽。

2. 表存在义兼语句的 V_2。

（1）V_2 是动词或形容词。例如：

（38）快看，有人来了。

（39）他们家有一幅画儿不错。

（2）V_2 是动词性的状中词组、中补词组或动宾词组。例如：

（40）教室里有很多学生正在上课。

（41）桌子上有一本书放在那里。

（42）我们学校有六个学生参加比赛。

（3）V_2 是形容词性的状中词组、中补词组。例如：

（43）我们班有一些学生非常用功。

（44）池塘边有一片桃树漂亮极了。

（4）V_2 是主谓词组或联合词组。例如：

（45）地上有一个人头上正在流血。

（46）公园里有一群年轻人又是唱歌又是跳舞，开心极了。

8.4 称呼类兼语句的 V_2

这类兼语句的 V_2 最特别，数量很少，只有"为、是、做"等几个动词。如果 V_2 不出现，这类兼语句就会转换成双宾语句。例如：

（47）大家都称她是"小词典"。

（47a）大家都称她"小词典"。

（48）人民政府追认他为革命烈士。

（48a）人民政府追认他革命烈士。

9. 兼语句对兼语成分N₂有哪些要求?

9.1 兼语成分 N₂ 的语法类型

N_2 是 V_1 的宾语，V_1+N_2 构成动宾关系，N_2 同时与 V_2 构成主谓关系。N_2 通常由体词性词语充当，但有时谓词性词语也能做 N_2，名词、代词、形容词、动词、定中词组、量词词组、同位词组、方位词组、动宾词组、主谓词组等都可以充当 N_2。

1. 名词。

（1）张老师叫<u>小明</u>去办公室见他。

（2）他的鲁莽行为实在令<u>人</u>厌恶。

2. 代词。

（3）今天我陪<u>大家</u>走走。

（4）你叫<u>她</u>拿走这些东西。

3. 形容词。

（5）他的做法使<u>复杂</u>变成了简单。

（6）化妆品的出现让<u>美丽</u>成为可能。

4. 动词。

（7）微波炉的发明使<u>做饭</u>越来越容易。

（8）很多作家称<u>写作</u>为"爬格子"。

5. 定中词组。

（9）从前有<u>一个孩子</u>叫司马光。

（10）你应该教导<u>这些人</u>懂得尊重别人。

6. 量词词组。

（11）我们称<u>这个</u>为"小白"。

（12）老师找了<u>三个同学</u>来配合。

7. 同位词组。

（13）我请你们俩参加。

（14）这件事真让张文彬校长担心。

8. 方位词组。

（15）定期储蓄使手上多了些余钱。

（16）他要求组织上调查这件事。

9. 动宾词组。

（17）载人航天器的发明使探索太空成为可能。

（18）没有了交通工具让买东西变得很不方便。

10. 主谓词组。

（19）恶劣的环境让动物生存变得困难。

（20）高铁使民众出行越来越便捷。

11. "的"字词组。

（21）我们应该派有能力的去。

（22）妈妈只带听话的出去玩。

12. 连谓词组。

（23）家庭条件改善使出国留学变成了现实。

（24）交通堵塞让出门旅行遇到麻烦。

兼语句中兼语成分 N_2 的词类和词组类型受兼语句小类的影响很大。有无类、称呼类、使令类兼语句一般要求 N_2 是名词、代词、数量词或定中词组、同位词组、数量词组、方位词组、"的"字词组等名词性成分；致使类兼语句对 N_2 的限制不大，除了上述词类或词组类型外，一些动词、形容词及谓词性的词组，如动宾词组、主谓词组、连谓词组等都能够进入致使类兼语句 N_2 的位置，不过这些动词性词语已经"名物化"，不再表示动作或性状，而是表示事物或事件。

9.2 兼语成分 N_2 的语义类型

1. V_2 的施事。

兼语成分 N_2 的语义角色与 V_1 有关，当 V_1 是包含使令义的动词时，N_2 常常

是 V_2 的施事、V_1 的受事，如例（1）、例（4）、例（13）、例（16）、例（21）。

2. V_2 的与事。

如果 V_1 是包含伴随义、协助义的动词，那么 N_2 是与事，N_1 和 N_2 共同参与 V_2 的动作，如例（3）和例（22）。

3. V_2 的系事。

如果 V_2 是表性状的状态动词或形容词，N_2 就是 V_2 的系事，如例（7）、例（15）、例（18）、例（19）、例（20）。

4. V_2 的经事。

如果 V_2 是表达人们内心活动的心理动词，无论它是表情绪的还是表认知的，那么 N_2 是经事，如例（2）、例（10）、例（14）。

5. V_2 的起事。

如果 V_2 是关系动词，如"是、有、叫、如、等于、像、成为、变成"等，那么 N_2 是起事，如例（5）、例（6）、例（8）、例（9）、例（11）、例（17）、例（23）。

9.3 兼语成分 N_2 的指称

1. 有无类兼语句要求 N_2 是不定指或无指的，对定指成分充当 N_2 有特别的条件。例如：

（25）河边有一只小船漂浮在水面上。

（25a）*河边有那只小船漂浮在水面上。

（26）我们班有 20 多个学生参加了比赛。

（26a）*我们班有那 20 多个学生参加了比赛。

（27）有人来了。

（27a）*有那个人来了。

2. 称呼类兼语句的 N_2 一般要求是定指成分。例如：

（28）我们都称他为"小四眼"。

（29）当地人都叫这种植物为"狗尾巴草"。

3. 致使类兼语句和使令类兼语句对 N_2 的限制不太严格，既可以是定指成分，也可以是不定指或无指成分。例如：

（30）虚心使人进步。

（30a）虚心可以让一个人进步得更快。

（30b）虚心可以让你进步得更快。

（31）你派人去看看。

（31a）你派一个人去看看。

（31b）你派小王去看看。

10. 致使类兼语句有哪些语义限制？

致使类兼语句也被称为单纯使令义兼语句（李临定，1986），它的成句条件是 V_1 必须与后面的兼语 N_2 和 V_2 共现，构成兼语式。致使类兼语句的构式意义可以描述为"某个致使事件 N_1 通过致使方式 V_1 引发致使对象 N_2 产生某种状态或结果 V_2"。致使类兼语句的 N_1 与 V_2 之间存在因果关系，凡是不表示致使或没有结果意义的，就不能使用致使类兼语句。（李大忠，1996）

10.1 致使类兼语句对 N_1 的限制

N_1 必须是能导致 N_2 产生变化的"使因"（cause），"使因"与"施事"（agent）一样，都是一种施力（agency）成分。（项开喜，2002）"施事"通常是表人的主体，"使因"则由表具体或抽象的事件或事物充当。语法层面上，N_1 可以是词、词组、单句或复句。例如：

（1）书中"历史名城台南市"这一节，我最喜欢看，因为它使我了解了民族英雄郑成功收复台湾的事迹。（《中文》第 11 册）

（2）它拔地而起、直插云天的气势和强烈的色彩令人惊叹。（《中文》第 11 册）

（3）峰顶飘动着层层云雾，使人感到神秘莫测。（《中文》第 8 册）

（4）一座大剧场，通宵达旦地演奏着动人的乐曲，使整座城市都沉浸在音乐之中。（《中文》第 12 册）

（5）美丽的卢浮宫真是一座伟大的世界艺术宝库，无论是建筑，还是收藏品，都让人依依不舍，赞叹不已。（《中文》第 7 册）

例（1）中的"它"指的是"历史名城台南市"这个章节的内容；例（2）的"拔地而起、直插云天的气势和强烈的色彩"指的是事物的某种状态，都是表事物的名词作为致事；例（3）是表静态的存现句做主语 N_1，也是表达事物存在的一种状态；例（4）是表动态的存在句在致使类兼语句中充当 N_1，它强调"通宵达旦地演奏着乐曲"这一事件的状态，并不强调动作本身。

在语境中，如果上文对使因已有明确的说明，N_1 可以简化。例如：

（6）虎门销烟从 6 月 3 日开始，直到 6 月 25 日才告一段落。在短短的二十多天里，共销毁鸦片一百多万公斤。虎门销烟使林则徐成了中国近代史上的民族英雄。（《中文》第 7 册）

例（6）中，由于上文对"虎门销烟"已有具体描述，下文致使类兼语句的主语 N_1 就可以简化为"虎门销烟"。如果 N_1 是表人或物的指代成分，背后一定隐含具体的事件或原因。

（7）回想起来，教室里那一阵沉默真是可贵，它让我们一下子长大了许多。（《小学华文》5 上）

例（7）中的"它"并不是施事成分，而是致事成分，指代的是上文中的"教室里那一阵沉默"。这句话中的"它"可以省略，变为例（7a）。

（7a）回想起来，教室里那一阵沉默真是可贵，让我们一下子长大了许多。

（8）当林肯站上演讲台时，一位态度傲慢的议员站起来说："林肯先生，在你开始演讲之前，我希望你记住，你是一个鞋匠的儿子。"

议员们都大笑起来。等笑声停止后，林肯平静地说："我非常感激您，您让我想起我已经过世的父亲。我一定会记住您的忠告，我永远是鞋匠的儿子。"（《小学华文》5 下）

单就例（8）中"您让我想起我已经过世的父亲"这句话看，很像是一个使令类兼语句，但通过分析上下文，这里"让"的施事并非"您"，而是指议员说的"你是一个鞋匠的儿子"这句话，例（8）可以改写为：

（8a）"我非常感激您，您的话让我想起我已经过世的父亲。我一定会记住您的忠告，我永远是鞋匠的儿子。"

10.2 致使类兼语句对动词 V_1 的语义限制

常用的动词 V_1 包括"使、让、令、叫",都含致使义,但各自的语义侧重点有所不同。"使"多强调外在事物对人或物的影响,倾向于对客观事实的陈述,主观色彩较弱;"让"既可以用来强调外在事物对人或物造成的影响,也可强调让人产生的情感变化;"令"的主观色彩较浓,主要表现在两个方面,首先是"令"所引出的 N_2 一般都是表人的名词性成分,其次是 V_2 通常带有主观价值判断的描写性成分;"叫"的主观色彩比"令"浓,一般只能表达外界事物对人的影响,它所引出的 N_2 只能是表人的名词性成分,而且数量有限。例如:

(9)我在电脑上学中文、做作业、写文章,还在网上看各国新闻,观赏各地风光。电脑使我增长了知识,扩大了眼界。打开电脑,就像打开了一本神奇的书,一个知识的宝库,真令人着迷!(《中文》第 10 册)

例(9)中"电脑使我增长了知识"一句,作者使用了"使"叙述电脑对人认知的影响,侧重于客观陈述,其后一句同样是致使类兼语句,作者在 V_1 的位置使用了"令",在 V_2 的位置使用了"着迷"这个主观色彩很浓的动词。再看"让"的例子:

(10)你能不能想个办法,让丝线穿过这颗珠子。(《中文》第 9 册)

例(10)的致使对象是"丝线",致使结果是"穿过这颗珠子",是对客观事实的陈述。这个句子的动词 V_1 可以用"使"替换,但一般不用"令"或"叫"替换。

除了主观色彩不同外,"使、让、令、叫"的语体色彩也存在差异。"使、令"常用在书面语中,口语中较少出现;"让"可通用,在书面语和口语中均较常见;"叫"偏向于在口语中使用,但使用频率极低。例如:

(11)郑成功从侵略者手中成功地收复了宝岛台湾,使台湾人民也从此获得了自由。(《中文》第 11 册)

(12)岛上的路都是用石子铺成的,路两旁长满了花草,鸟语花香,令人心旷神怡。(《中文》第 7 册)

(13)"叔叔,做慈善讲的是那份心意,而不只是钱,对吗?"一直没有说话的小露西问。她的话让保安呆住了。(《小学华文》6 上)

(14)他用清亮的嗓子歌唱,山谷里总是不断地响着他歌唱的回声。回声也

是清脆的，叫人听了就会忘记疲劳和忧愁。(《中文》第 12 册)

例(11)出现在读书随感中，例(12)出现在说明文中，这些都是常见的书面文本。例(13)出现在故事性文本中，例(14)是一段描写性的文字，口语色彩均比较浓厚。致使动词"叫"不常使用，可被"让"取代。

致使类兼语句的 V$_1$ 很少使用否定形式，根据宛新政(2005)的统计，大约只有 5.5% 的致使类兼语句为否定形式。根据我们对《小学华文》和《中文》这两套华文教材的统计，动词 V$_1$ 的否定形式很少见，只有三例，其中两例是否定副词与能愿动词"能"连用，直接否定 V$_1$ 的只有一例。

(15)一位老叔父，不论任何人、任何事情，都不能使他发笑。你能使他发笑吗？(《中文》第 11 册)

(16)他说他自己是个没有学问的粗人，但他不能让自己的儿子也成为粗人。(《中文》第 10 册)

(17)但是她始终装作没事的样子，为的是不让父母担心。(《中文》第 11 册)

致使类兼语句动词 V$_1$ 后面不能加动态助词"着、了、过"，但前面可以加时间副词或能愿动词，表示时间状态，常用的时间副词有"已经、曾经、刚刚、正在、就要、将"等，常用的能愿动词有"会、能、可以"等。例如：

(18)目前，以互联网为代表的信息技术已经使一部分人的生活方式发生了很大变化。(《中文》第 10 册)

(19)自满只会使自己停步不前。(《中文》第 9 册)

(20)为什么水蒸气能让壶盖动起来呢？(《中文》第 3 册)

(21)海狮说："这些我都不行，不过，我有一个本领可以让你摘到樱桃。"(《小学华文》2 下)

10.3 致使类兼语句对兼语 N$_2$ 的语义限制

从语法性质上看，致使类兼语句的 N$_2$ 通常是名词性成分，但有时也会出现谓词性成分。例如：

(22)严重的伤势使她走路变得很困难。

例(22)中的 N$_2$"她走路"是主谓词组，属谓词性成分。谓词性的 N$_2$ 不强调动作，而强调某种状态。

作为 N_2 的名词性成分可以是有生命的人或动物，也可以是无生命的人或事物。不同的动词 V_1 对 N_2 的选择倾向存在差异。"令、叫"后面跟的兼语 N_2 基本上是表人的成分，很少是表事物的成分；"使"和"让"后面则既可以跟表人的成分，也可以跟表事物的成分。

从指称类型看，致使类兼语句 N_2 所指称的对象既可以是有定的，也可以是无定[1]的，但不同动词 V_1 对 N_2 的指称要求存在差异。"使、让"后接兼语 N_2 的指称比较自由，既可以是有定的，也可以是无定的；"令、叫"后的 N_2 则比较受限，一般是无定的。例如：

（23）工厂排出来的废水毒害了我，使我们的根腐烂了。(《小学华文》5 下）（有定 N_2）

（24）金属的灰尘特别是铅会使人中毒。(《中文》第 12 册）（无定 N_2）

（25）爷爷的这番话让我恍然大悟。(《小学华文》5 下）（有定 N_2）

（26）国际互联网在全球的发展与应用，让人们实实在在地感受到了它的无穷威力。(《中文》第 10 册）（无定 N_2）

（27）他谦虚好学的精神实在令人感动。(《中文》第 9 册）（无定 N_2）

（28）回声也是清脆的，叫人听了就会忘记疲劳和忧愁。(《中文》第 12 册）（无定 N_2）

10.4 致使类兼语句对 V_2 的语义限制

关于致使类兼语句对 V_2 的限制条件，学界已有比较深入的研究，较为一致的看法是：致使类兼语句在结构上必须带 V_2，否则句子就不成立；从意义上看，V_2 通常是 N_1 所导致的结果，N_1 与 V_2 之间存在因果关系。例如：

（29）在树木花丛间，蝴蝶翩翩起舞，使我眼花缭乱。(《中文》第 11 册）

"蝴蝶翩翩起舞"是使因，"眼花缭乱"是结果。例（29）可以转换为因果复句：

---

[1]   参见徐烈炯（1990）。

（29a）因为在树木花丛间，蝴蝶翩翩起舞，所以我眼花缭乱。

至于致使类兼语句对 V_2 的语义限制，学者们的看法有所不同。古川裕（2003）认为"使"句和"令"句中的 V_2 多是表心理感受的词语，"使"和"令"一般只有在感受谓语句里才能使用，很少在表示动作行为的动作谓语句里使用。宛新政（2005）的统计结果并不支持这种说法，除了有 72.1% 的 V_2 是表心理或生理感受的词语，还有 24.3% 是表动作行为的词语，另有 3.6% 是表事物性状的词语。根据我们对两套华文教材的统计，四个动词 V_1 "使、让、令、叫"对 V_2 的选择存在差异，"令、叫"后面带的 V_2 多为表心理感受的词语，尤其是致使动词"令"对 V_2 有较强的选择性，有的甚至已经发展成为固定结构了。根据牛顺心（2007），"使、让"后的 V_2 则比较多样，除了带心理感受的词语外，带动作谓语的也不在少数，还有一些是表达事物性状变化的词语。例如：

（30）人们想出种种办法，让我只做好事，不做坏事。（《小学华文》4 下）（动作行为）

（31）罗斯福 39 岁那年生了一场大病，这场病使他失去了行走的能力。（《中文》第 7 册）（动作行为）

（32）自满只会使自己停步不前。（《中文》第 9 册）（动作行为）

（33）里面放上沙土，让壳稳住。（《中文》第 9 册）（事物状态变化）

（34）工厂排出来的废水毒害了我，使我们的根腐烂了。（《小学华文》5 下）（事物状态变化）

（35）峰顶飘动着层层云雾，使人感到神秘莫测。（《中文》第 8 册）（心理感受）

（36）回声也是清脆的，叫人听了就会忘记疲劳和忧愁。（《中文》第 12 册）（心理感受）

（37）天空中顿时出现了朵朵美丽的伞花，让观众惊喜连连。（《小学华文》5 下）（心理感受）

（38）100 个小时的网上生活令他们依依不舍。（《中文》第 10 册）（心理感受）

下页表 10-1 是我们对《小学华文》和《中文》这两套教材中致使类动词"使、让、令、叫"的语义限制条件和使用频率统计的结果：

表 10-1 "使、让、令、叫"的语义限制条件和使用频率

动词	教材	N₁ [+生命]	N₁ [-生命]	V₁ 缺项	V₁ 否定	V₁ 肯定	N₂ [+生命]	N₂ [-生命]	N₂ 无定	N₂ 有定	V₂ 心理感受	V₂ 行为动作	V₂ 事物状态
使	《小学华文》	1	3	0	0	4	4	0	2	2	3	1	0
	《中文》	4	57	0	4	57	39	22	23	39	25	19	17
让	《小学华文》	1	29	2	0	32	22	10	14	18	15	15	2
	《中文》	0	27	0	0	27	20	7	14	13	15	5	7
令	《小学华文》	0	0	0	0	0	0	0	0	0	0	0	0
	《中文》	0	20	1	0	21	20	1	21	0	21	0	0
叫	《小学华文》	0	0	0	0	0	0	0	0	0	0	0	0
	《中文》	0	1	0	0	1	1	0	1	0	1	0	0

11. 致使类兼语句有哪些语用限制?

在语言交流过程中，一个完整的意思通常并不能仅仅通过一个单句或复句表达清楚，而是需要把几个句子有机地组织起来，成为句群，才能使意思更完整、更清楚。判断句子在句群中的作用和功能，首先要看它在语篇中的位置，具体而言就是在句群中的位置。致使类兼语句由两个递系事件构成，前一个是原因事件，后一个是结果事件。从句子内部看，它包括两个话题，其中 N_1 是句内主话题（主题），N_2 是由 N_1 所引出的次话题。从上下文语境看，致使类兼语句可以出现在句群的不同位置，充当不同发语角色。由于"使、让、令、叫"用法有差异，由它们构成的致使类兼语句在句群中出现的位置也有所不同。

11.1 致使类兼语句在句群中的位置

11.1.1 起句

句群中的起句一般是引子，它的作用在于引出下文。致使类兼语句充当起句的情况并不多见，因为致使类兼语句要求主话题（N_1）是能导致次话题（N_2）出现的"因事"，是听话者或阅读者已知的话题信息，通常需要在前文中有所陈述。但是，如果 N_1 是公知的"因事"，且作者出于特殊的表达需要，致使类兼语句也可以出现在起句的位置。例如：

（1）望远镜的发明使我们能够看得更远，而显微镜的发明，则让我们能够看到肉眼看不到的东西。显微镜的发明者就是三百多年前的荷兰生物学家列文虎克。(《中文》第 6 册)

（2）这次经历使国王终生难忘，他从此懂得了一个道理：只有金子，并不能给他带来幸福。(《中文》第 8 册)

（3）爷爷的这番话让我恍然大悟，"煮书"还真有道理呢！(《小学华文》5 下)

例（1）出现在说明性文本的开头段，其中 N_1"望远镜的发明"是"因事"，是大家都知道的旧知识，V_2"能够看得更远"是 N_1 产生的结果。作者通过这个分句引出显微镜的发明者（新信息）。

例（2）和例（3）都出现在总结段中，由于"这次经历"和"爷爷的这番话"在前文中已经有明确的陈述或说明，因此这些"因事"已经是旧信息了，可以出现在起句的位置。

还有一种情况，当致使类兼语式以词组形式呈现时，也可以在起句的位置出现。例如：

（4）更令人惊奇的是，接通国际互联网后，坐在家里，你就可以周游世界了。这网上的世界可真精彩呀！（《中文》第 10 册）

"使、让"充当致使动词的兼语句在起句位置出现的可能性较大，"令、叫"充当致使动词的兼语句在起句位置出现的可能性较小。"令"字句一般是以词组形式出现在起句位置上的。

11.1.2 承句

承句的主要语篇功能是承上启下，将起句和结句联系起来。致使类兼语句在承句位置出现十分常见，尤其是在书面语中。例如：

（5）自从附近建了几座工厂后，我们就惨啦！（起句）工厂排出来的废水毒害了我，使我们的根腐烂了。那里冒出来的黑烟，污染了空气，让我们喘不过气来。（承句）你快离开吧！（结句）（《小学华文》5 下）

（6）灰姑娘来到舞会上，（起句）她的漂亮让所有的人都惊呆了。（承句）王子迎上去，跟她跳舞，不再理别的姑娘。（结句）（《中文》第 10 册）

（7）庙中有一座巨大的太阳神像，面朝东方，胸前挂着无数金银饰片，（起句）每当阳光照进庙宇时，太阳神像就闪烁出神秘的光芒，令人肃然起敬。（承句）当年古印第安人就在这里举行祭拜太阳神的仪式。（结句）（《中文》第 12 册）

例（5）的起句介绍情况，承句延续话题，并带出后面的次话题，说明"废水"对"我们"的危害，最后结句提出"你快离开"的建议。致使类兼语句在承句的位置出现，主要目的是延续主话题，彰显主话题对后续行动的影响力。

除了书面语外，致使类兼语句也常常在口语句群的承句中出现。例如：

（8）海狮说："这些我都不行，不过，我有一个本领可以让你摘到樱桃。"说完，它像顶球一样，把小老鼠顶到了樱桃树上。（《小学华文》2 下）

11.1.3 结句

除了承句位置外，结句也是致使类兼语句经常出现的位置。由于致使类兼语句要求 V_2 必须表达致使结果，这与结句的语篇功能契合，因此致使类兼语句也比较适合在结句的位置出现。例如：

（9）美丽的地球充满了噪声：工厂的机器声、马路上的汽车喇叭声、空中飞机的轰鸣声、刺耳的音乐声……噪声使各种生物不得安宁。（《中文》第 12 册）

（10）"爸爸的年纪也曾经和你一样小，现在已经不能回到你这个年龄了。总有一天我们也会像外婆一样，度过这一生，永远不会回来了。"爸爸说。爸爸的这番话，让我想起了老师说的"光阴似箭""一寸光阴一寸金，寸金难买寸光阴"。（《小学华文》5 上）

（11）他用清亮的嗓子歌唱，山谷里总是不断地响着他歌唱的回声。回声也是清脆的，叫人听了就会忘记疲劳和忧愁。（《中文》第 12 册）

尤其是主观色彩较浓的"令"字句，常常用在结句位置，用以表达使事的心理感受。其出现在结句的情况比"使、让、叫"要多出许多。例如：

（12）我最喜欢的景点是"三潭印月"，它在湖中的一个小岛旁边。我们坐小船来到这个岛上。岛上的路都是用石子铺成的，路两旁长满了花草，鸟语花香，令人心旷神怡。（《中文》第 7 册）

致使类兼语句出现在不同语篇位置具有不同的语用功能。在起句和承句位置的致使类兼语句有突显话题（N_1）影响力的功能，而结句位置的致使类兼语句则是强调次话题（N_2）的变化结果或状态。

不同致使类兼语句在起句、承句和结句位置上的分布存在差异，根据我们对两套华文教材的统计："使"字句和"让"字句可以出现在起句的位置，但是使用频率很低；"令"字句除非是以兼语词组的形式在句中充当句子成分，一般不用在起句位置；"使"字句、"让"字句常用在承句和结句位置，比例相差不大，这两个语篇位置最适合它们发挥句法功能；"令"字句最常出现的位置是结句，尤其是在说明文中，"令"字句常用来作为段落或篇章的结句。表 11-1 是致使类兼语句在两套教材中篇章位置的分布情况。

表 11-1　《小学华文》与《中文》中"使、让、令、叫"的语篇位置情况

动词	教材	数量及占比	语篇位置			
			起句	承句	结句	其他
使	《小学华文》	数量	0	4	0	0
		占比	0	100%	0	0
	《中文》	数量	4	24	31	2
		占比	6.6%	39.3%	50.8%	3.3%
让	《小学华文》	数量	0	14	18	0
		占比	0	43.8%	56.2%	0
	《中文》	数量	1	14	12	0
		占比	3.7%	51.9%	44.4%	0
令	《小学华文》	数量	0	0	0	0
		占比	0	0	0	0
	《中文》	数量	2	2	15	2
		占比	9.5%	9.5%	71.5%	9.5%
叫	《小学华文》	数量	0	0	0	0
		占比	0	0	0	0
	《中文》	数量	0	0	1	0
		占比	0	0	100%	0

11.2 致使类兼语句的语体类型

致使动词"使、让、令、叫"在口语语体和书面语体中的使用情况存在差异。宛新政（2005）发现："使"主要在书面语体中使用，占比高达 71%；"让、叫"多出现在口语语体中，占比分别达 53% 和 45%；"令"的使用频率虽然较

低，只占总数的 2%，但都出现在书面语体中，口语语体中几乎不出现。

黄姝（2011）的统计结果与宛新政（2005）相似，在口语语体中较常使用"让"字句和"叫"字句，所占比例分别达到了 54.22% 和 43.63%。"使"字句在口语语体中所占比例很小，只有 2.15%，"令"字句几乎不出现在口语语体中。反之，在书面语体中，"使"字句的占比最大，达到 77.15%，"令"字句作为致使类兼语句的例子不多，但全都出现在书面语体中。"使"字句和"令"字句是典型的书面语体句式。根据我们对两套华文教材的统计，"使、让、令、叫"用在书面语体的比重远超过口语语体，结果见表 11-2。

表 11-2　"使、让、令、叫"在不同语体中的使用情况

动词	口语语体		书面语体	
	数量	占比	数量	占比
使	1	1.5%	64	98.5%
让	6	10.2%	53	89.8%
令	2	9.5%	19	90.5%
叫	0	0	1	100%

从表 11-2 可知："使"字句和"令"字句在书面语体中出现的频率分别达到 98.5% 和 90.5%，远高于在口语语体中的出现频率，这点与宛新政与黄姝的结论一致；但"让"和"叫"在书面语体中的占比也远超口语语体，分别达到 89.8% 和 100%，这点与两位学者的结论不一致。造成数据不一致的原因可能有三个：一是统计方法不同，宛新政与黄姝采用的方法是不同兼语动词之间的横向比较，本书采用兼语动词内部的语体差异性比较，角度和侧重点不同，如果将两位学者的统计数据按本书的方法转化，"使"字句在书面语体中的占比均为 99.2%，"令"字句均为 100%，"让"字句在书面语体中的使用频率也超过口语语体，分别达到 56.1% 和 55.4%，只有"叫"字句不同，口语语体比重超过书面语体，分别达到 83.5% 和 79.4%，与本文的结论完全相反；二是本书的统计样本规模较小，只有 36 万多字，而宛新政和黄姝的研究语料规模分别是 210 万和 400 万；三是

语料类型不同，本书收集的是二语教材语料，其中《小学华文》都是少儿语言，《中文》偏向成人语言，而上述两位学者使用的都是母语自然语料，且均为成人语言。

总体而言，"使"字句和"令"字句的书面色彩浓厚，这一点已经基本上得到验证。"让"字句在书面语体和口语语体中都常出现，具备通用性特点，但在二语教材中的分布与在母语自然语言中的分布可能存在差异，还需要进一步检验；"叫"字句的使用频率很低，尤其在二语教材中几乎不出现，这也许跟样本规模和类型有关。

除了语体差异外，致使类兼语句对不同语篇类型也有选择性。宛新政和黄姝统计了不同书面语体中"使、让、令、叫"的使用情况。结果显示："使"字句在文艺语体、科技语体、政论语体、事务语体中比例都很高；"叫"字句在科技语体、政论语体、事务语体中的分布均为零，与这三种语体不适应；"令"字句在文艺语体和事务语体中的分布均为零，在政论语体和科技语体中的分布极少。

两套华文教材的统计结果部分支持两位学者的结论，但也存在歧见。由于二语教材的语篇类型与自然文本存在明显差异，我们采用了语文教材中常用的文本分类方法，将语篇分为论说类、叙事类和会话类三种，统计数据见表 11-3。

表 11-3 "使、让、令、叫"在不同类型语篇中的使用情况

动词	教材	语篇类型					
		论说类		叙事类		会话类	
		数量	占比	数量	占比	数量	占比
使	《小学华文》	0	0	4	100%	0	0
	《中文》	32	52.5%	29	47.5%	0	0
让	《小学华文》	0	0	29	90.6%	3	9.4%
	《中文》	11	40.7%	13	48.2%	3	11.1%
令	《小学华文》	0	0	0	0	0	0
	《中文》	21	100%	0	0	0	0
叫	《小学华文》	0	0	0	0	0	0
	《中文》	0	0	1	100%	0	0

数据显示，"使"字句虽然使用频率很高，但适用的语篇类型等依然有所限制。首先，"使"字句多出现在论说类和叙事类语篇中，会话类不适用；其次，"使"字句的使用受语言使用者年龄限制很大，少儿内容的语篇很少使用"使"字句。"让"字句在三类语篇中均能使用，较多使用在叙事类和会话类语篇中。"让"字句在成人二语教材中的使用频率仅次于"使"字句，但分布更广，会话类语篇中也常出现这类句式，可以称之为通用句式。"令"字句在二语教材中的使用很有特点，一是少儿教材不使用这类句式，二是它在成人二语教材中的使用范围也有限，基本出现在论说类语篇中。"叫"字句在二语教材中的使用频率极低，几乎可以忽略不计。

11.3 致使类兼语句的语篇连贯功能

致使类兼语句虽然可以出现在起句位置，直接引出致因主题，为后续话题展开铺路，起语篇引导作用。但致使类兼语句用作起句的情况比较特殊，并不多见，也并非其主要的语篇功能。致使类兼语句出现的主要位置是在承句和结句，起到维持话题连贯性的作用。致使类兼语句的语篇连贯功能具体表现在致因（N_1）和使事（N_2）与上下文之间的关系上，其中 N_1 回指是保证语篇连贯最重要的手段之一。

根据篇章回指的相关理论，汉语语篇中出现的回指形式包括零形回指、代词回指、名词回指三种（徐赳赳，2003）。其中，零形回指表达的信息量低，指称的确定性低，简略程度高，因此回指能力强，代词次之，名词的回指能力较弱。

11.3.1 零形回指

零形回指是指在语言表达中再次提到某个指称实体时，采用零形式进行指代的指称现象。致使类兼语句常使用零形回指，采用这种方式的原因比较复杂，有些是出于话语连贯的简约性需要，有些则是因为作为主话题的致因较复杂，代词回指或名词回指无法准确表达其中的意思。例如：

（13）后来，孙中山多次看到官兵欺压百姓，心里很生气。他下定决心，长大以后一定要为百姓做事，让他们过好日子。(《小学华文》3 下)

（14）郑和远航，把中国人民的友好情谊以及中国的丝绸、火药和造纸术等带到了海外；同时，也带回了外国朋友赠送的礼品，从而促进了中外文化交流，使当时的中国受到了外国朋友的敬仰。（《中文》第8册）

例（13）中兼语句的致因十分复杂，既不是"他"，也不是"做事"，而是指他做事后取得的成果。例（14）的致因是清楚的，指的是上文的"中外文化交流"，可以用名词回指的方式加以明确，但这样做话题链的流畅性就会降低，语言表达也显得不够简洁。

零形回指是否表明致使类兼语句的主语省略或无主语呢？恐怕不行，如果是无主语，则意味着致因缺失，这并不符合致使类兼语句的表达逻辑。因此，将致使动词前句看作致因，充当主语，可能比较合理。例如：

（15）蚯蚓说："我能吃掉地下的垃圾，再把它变成肥料，让植物长得更茂盛。你们看，我做地下清洁工，怎么样？"（《小学华文》3下）

例（15）中的"致因"不是"我"，也不能简单指向"肥料"，而是包括制作肥料的整个过程。因此，应该将表顺承关系的两个小句"我能吃掉地下的垃圾，再把它变成肥料"一同看作致因，充当主语。

11.3.2 代词回指

代词回指是指在表达中再次提到某个指称实体时，采用代词形式进行指代的指称现象。在致使类兼语句中常用人称代词或指示代词来回指前文出现的致因。代词回指使兼语句的致因更加明确，表达更加完整。例如：

（16）安徒生的演员梦彻底破灭了。这（代词回指）让安徒生又产生了另一个念头：一定要在文学创作上有所成就！后来，经过努力，他终于成功了，成为世界闻名的大作家。（《中文》第12册）

（17）书中"历史名城台南市"这一节，我最喜欢看，因为它（代词回指）使我了解了民族英雄郑成功收复台湾的事迹。（《中文》第11册）

例（16）的"这"是代词回指，指称的是"安徒生的演员梦彻底破灭"这件事。由于上文采用陈述句的形式，这里采用代词回指可以加强致因的事件特征。这句话可以改写为一般致使类兼语句：

（16a）安徒生演员梦的破灭让他产生了另一个念头。

例（17）中的"它"回指的是上文"历史名城台南市"这一节的内容，这里的代词回指不能省略，因为上文的致因与下文的使事之间插入了其他内容，语义已经脱离，如果不回指会造成致因缺失。

11.3.3 名词回指

名词回指是指在表达中再次提到某个指称实体时，仍然采用名词形式进行指代的指称现象，包括同形、部分同形、同义、上下义和比喻五种。致使类兼语句采用名词回指的作用与代词回指基本相同，但使用时遵循的限制条件比代词回指多。例如：

（18）罗斯福39岁那年生了一场大病，这场病（名词回指）使他失去了行走的能力，但他一点儿也不悲观，反而更加努力地工作，被人们称为"快乐勇士"。（《中文》第7册）

（19）现在，我们应该懂得四季的风为什么都不同了，那是因为世界上曾经有过一个苦孩子的缘故。春天的风带来花的香味和小鸟的歌唱，使我们觉得愉快，那是因为风（名词回指）想使苦孩子变得快乐。（《中文》第11册）

（20）他们再也顾不上计较谁吃亏，谁占便宜了，都抢着去挑水。他们齐心协力，共同扑灭了大火。这件事（名词回指）使他们受到了深刻的教育。（《中文》第11册）

例（18）采用了部分同形的名词回指，因为上文中"大病"前用了不定指数量词组，而回指成分用在主语位置需要采用定指数量词组形式，所以需要将"一场大病"改成"这场病"，这个句子如果改成零形回指也成立。例（19）采用同形名词回指，这里的"风"是不能省略的，否则就会造成致因缺失。同样，也不能采用代词回指，那会造成指代不清的语病。例（20）采用的是同义名词回指，"这件事"指称的是上文中的"他们齐心协力，共同扑灭了大火"。

除了上述三种回指方式外，致使类兼语句还有一种特殊情况，即 N_1 不采用任何回指形式，直接使用上文没有出现过的信息充当致因，可称之为"无回指"。为了保证语篇的连贯性，无回指话题信息必须与前文在内容上是有关联的，逻辑上是合理的，否则不能成立。例如：

（21）包围着地球的大气层由洁净变得混浊，工厂以及汽车排出的废气使大气受到污染；保护地球不受紫外线侵害的臭氧层逐渐缩小，臭氧层露出的空洞使太阳发出的紫外线毫无遮挡地射到地球的生物上。(《中文》第 12 册)

例（21）的起句引出"大气层变得混浊"的主题，承句中的 N_1 "废气"虽然无回指，却是公知的致因，且与前句内容高度关联，因此可以作为已知信息进入话题链；下一句中的"空洞"也是无回指的新信息，但"臭氧层"是前文提到的旧信息，"臭氧层逐渐缩小"和"臭氧层露出的空洞"存在因果关系，所以"空洞"可以作为已知的致因充当 N_1。

无回指可以满足表达简洁的需要，如果要求所有 N_1 都回指，有时可能会显得烦琐。例如：

（22）在那里，我们参观了一个脸谱艺术展。展览馆里，花花绿绿的脸谱让我眼花缭乱。(《小学华文》4 下)

（22a）在那里，我们参观了一个脸谱艺术展。展览馆里展出了各种花花绿绿的脸谱，这些花花绿绿的脸谱让我眼花缭乱。

12. 致使类兼语句与使令类兼语句有何不同？

12.1 什么是致使类兼语句和使令类兼语句

所谓致使类兼语句是指兼语动词 V_1 为"使、让、令、叫"等的兼语句，而使令类兼语句则指兼语动词 V_1 为"命令、逼迫、请求、教导、帮助、陪伴"等的兼语句。许多语法著作都将致使类兼语句归入使令类兼语句，但是随着兼语句研究的深入，有越来越多的证据显示，这两类兼语句存在很大的差异，必须深入研究并加以区分。

12.2 "致使"与"使令"意义的不同

无论是"致使"还是"使令"，都表示甲事物对乙事物施加影响，促使乙事物的行为或性状发生改变。但是，由于这两类兼语句表达时的立足点不同，所以意义的焦点也不相同。"致使"的影响力是隐性的、潜移默化的，致使对象在遭受影响后产生某种行为或状态变化；而"使令"则是主动地施令或外化影响力，促成受令对象发生行为改变。例如：

（1）这件事使我很开心。（致使类）

（2）他每天迟到让老师十分生气。（致使类）

（3）他的热情和友善叫大家觉得不知如何是好。（致使类）

（4）他让我通知你。（使令类）

（5）我的老师叫小乐去拿作业本。（使令类）

（6）姐姐请妹妹跟她一起出去玩。（使令类）

从否定形式看，致使类兼语句和使令类兼语句都能否定 V_1，但是否定的方式不同，致使类兼语句一般用"没有"进行否定，而使令类兼语句则可以用"不"或者"没有"进行否定。例如：

（1a）这件事（没有）使我很开心。（致使类）

（2a）他每天迟到（没有）让老师十分生气。（致使类）

（3a）他的热情和友善（没有）叫大家觉得不知如何是好。（致使类）

（4a）他（不／没有）让我通知你。（使令类）

（5a）我的老师（不／没有）叫小乐去拿作业本。（使令类）

（6a）姐姐（不／没有）请妹妹跟她一起出去玩。（使令类）

尽管有学者指出否定副词"不"一般不能与致使类兼语动词"使"构成直接的修饰关系，但实际上这种情况是存在的，只不过是对 V_2 有较严格的语义限制，一般要求 V_2 是需要避免发生的不利事件或行为。例如：

（7）他人品不错，不使人感到讨厌。（致使类）

（8）我会尽最大努力不使他扫兴。（致使类）

由于用否定形式"不"否定动词往往带有主观性和主动性，这也说明使令类兼语句是主动施令的兼语句，而致使类兼语句属于被动受力的兼语句。

12.3 N_1 与 N_2 的种类不同

1. 致使类兼语句的句首主语 N_1 常常是表事物的名词、名词性词组，有时还可以是主谓词组，N_1 在语义上具有 [-有生性]。例如上面例句中的 "这件事" "他的热情和友善" 和 "他每天迟到" 等，有时主语是主谓词组，还可以用代词 "这" 来指代。例如：

（2b）他每天迟到，这让老师十分生气。

使令类兼语句的句首主语 N_1 基本上都是表人的代词、名词或名词性词组，例如上面例句中的 "他" "我的老师" "姐姐"。这说明使令类兼语句的主语在语义上具有 [+有生性]。

2. 致使类兼语句的兼语 N_2 可以是表人物的名词、代词或名词性词组，也可以是表事物的名词、代词或名词性词组。例如：

（9）他的到来使原本简单的问题变得复杂起来。

例（9）中的 "原本简单的问题" 就是一个表事物的名词性词组。

使令类兼语句中的兼语 N_2 绝大多数是表人的名词、代词或名词性词组，这与使令类动词必须指向有生命特征的人或动物有关。

12.4 V_2 的表达功能不同

致使类兼语句的 V_2 是表达某事致使 N_2 发生了某种变化，它更强调出现新的状态，表现为一种结果，相应地也更侧重静态的成分。而使令类兼语句的 V_2 则多为表示动作行为的动词，强调在 V_1 影响下产生的某种动作行为，而这种动作行为往往是 N_1 所希望发生的。

正因为 V_2 表达功能的差异，造成 V_2 成分也有所不同，致使类兼语句的 V_2 常常是形容词或形容词性的状中或中补词组，强调 N_2 受 V_1 影响所呈现出的某种状态或结果，而使令类兼语句的 V_2 则大多数是动作动词，强调在 V_1 作用下出现的某种动作行为。如例（1）~（3）中的 "很开心" "十分生气" "不知如何是好" 都是一种状态，而例（4）~（6）中的 "通知你" "去拿作业本" " 一起出去玩" 则都是动作行为。

致使类兼语句与使令类兼语句的差别大致可以概括为以下三个方面：

一是致使类兼语句的 N_1 多侧重于事件，使令类兼语句的 N_1 则侧重于人。

二是致使类兼语句总是表示由于某个事件而引起了什么结果，而使令类兼语句则经常表示某人促使了某种动作的发生。

三是致使类兼语句不和人的主观意志相联系，而使令类兼语句常和人的主观意志相联系。

致使类兼语句的构式意义是某事致使 N_2 发生某种变化或产生某种状态，它表现为一种静态的结果。使令类兼语句的构式意义是主体 N_1 施令于客体 N_2，使其发生后续的某种动作行为，强调动态的行为递系过程。

关于致使类兼语句，学界存在争议，争论的焦点在"使、让、令、叫"的词性上。范晓认为"使、让、令、叫"都不是动词，因为它们缺乏动词的语法特征，如：它们不能单说，不能用肯定否定相叠的形式（×不×）提问，不能用"不"修饰，不能带动态助词，等等。陈昌来认为"使、让、令、叫"这样的致使动词在形式上与介词非常相近，因为它们没有词汇意义。赵元任、吕叔湘把这些句子中的"使、让、令、叫"看作动词，因为它们有"引起、导致、促使"这样的词汇意义。同时，吕叔湘还特别指出这些词后必须跟一个兼语式，即后跟一个名词或名词性词组，它既是"使、让、令、叫"的宾语，又是第二个动词的主语。

上述争论告诉我们，致使类兼语句与使令类兼语句的成句条件是不同的。致使结构中"使、让、令、叫"后面的成分是必有成分，而不是可有可无的或者说是具有可选择性的，V_1 与 $N_2 + V_2$ 必须共现，而使令类兼语句的 V_2 是可分离的。至于"使、让、令、叫"是介词还是动词，尚存在分歧。

我们认为致使类兼语句具有特殊性，与使令类兼语句的差异很明显，单独建类是有必要的。

13. 兼语句和主谓词组做宾语句有何不同？

兼语句与主谓词组做宾语的动宾谓语句在表层形式上具有相似之处，都是由 $N_1 + V_1 + N_2 + V_2$ 组合而成的。例如：

（1）大家鼓励我参加比赛。

（2）大家希望我参加比赛。

（3）奶奶陪姐姐去学校。

（4）老师知道我要回国。

（5）这次失败使我明白了一个道理。

（6）我感谢老师给我提供学习的机会。

乍看起来，上述句子类型相同，但实际上这些句子是有区别的，主要表现在以下几个方面：

13.1 V_1 动词的性质不同

兼语句的主要动词 V_1 属于使令类或致使类动词，它们具有驱使兼语 N_2 发出后续动作、产生连锁反应的能力。如"大家鼓励我参加比赛""奶奶陪姐姐去学校""这次失败使我明白了一个道理"中的"鼓励""陪"和"使"都是或多或少包含使令或致使语义的动词，而主谓词组充当宾语的谓语动词 V_1 多是表达感官活动、意念活动、心理活动或言语活动的动词，如"大家希望我参加比赛""老师知道我要回国"中的"希望""知道"是意念活动，"我感谢老师给我提供学习的机会"中的"感谢"是言语活动，并没有使令或致使的意味。

13.2 语音停顿的位置有别

兼语句的语音停顿一般在 N_2 和 V_2 之间，不可能在 V_1 与 N_2 之间，因为兼语句的 $N_1 + V_1 + N_2$ 与 $N_2 + V_2$ 构成两个表述，语音停顿在两个表述之间是语义转换的需要。如"大家鼓励我"和"我参加比赛"是两个前后关联的表述，通过兼语"我"结合在一起，所以停顿的位置在"我"后面。主谓词组做宾语句则不同，整个句子只有一个表述，谓语动词后面只带一个宾语成分，所以它的停顿位置只能在谓语 V_1 和宾语 $N_2 + V_2$ 之间。例如，"老师知道我要回国"中"知道"的宾语是"我要回国"，而非"我"，因此语音停顿必须在"知道"的后面。

（1a）大家鼓励我——参加比赛。（兼语句）

（2a）大家希望——我参加比赛。（主谓词组做宾语句）

（3a）奶奶陪姐姐——去学校。（兼语句）

（4a）老师知道—我要回国。（主谓词组做宾语句）

（5a）这次失败使我—明白了一个道理。（兼语句）

（6a）我感谢—老师给我提供学习的机会。（主谓词组做宾语句）

13.3 插入状语的位置不同

兼语句中兼语 N_2 和它前面的动词 V_1 结合得很紧密，中间不能停顿，也不能加状语成分。而在主谓词组做宾语句中，谓语动词 V_1 与后面宾语的结合度较低，可以插入修饰性成分。例（1）~（6）插入状语的差异如下：

（1b）大家鼓励我明天参加比赛。（兼语句）

（2b）大家希望明天我参加比赛。（主谓词组做宾语句）

（3b）奶奶陪姐姐明天去学校。（兼语句）

（4b）老师知道明天我要回国。（主谓词组做宾语句）

（5b）这次失败使我终于明白了一个道理。（兼语句）

（6b）我感谢那天老师给我提供学习的机会。（主谓词组做宾语句）

13.4 提问的方式不同

兼语句在针对第二个表述进行提问时经常有两种不同的方式：第一种是针对兼语 N_2 发问，常用的疑问代词是"谁"，构成"N_1+V_1+谁$+V_2$"的问句形式；第二种是针对兼语后的动词 V_2 提问，常用的提问方式是"做什么"，构成"$N_1+V_1+N_2+$做什么"的问句形式。但是兼语句不能针对第二个表述用"什么"进行提问，因此"N_1+V_1+什么"的提问框架是不成立的。例如：

（1c）大家鼓励谁参加比赛？

（1d）大家鼓励"我"做什么？

（1e）＊大家鼓励什么？

（3c）奶奶陪谁去学校？

（3d）奶奶陪姐姐做什么？

（3e）＊奶奶陪什么？

主谓词组做宾语的动宾谓语句的提问方式更加灵活多样，它既可以像兼语句

那样针对 N_2 或 V_2 提问，也可以针对充当宾语的整个主谓词组用"什么"提问。例如：

（2c）大家希望谁参加比赛？

（2d）大家希望"我"做什么？

（2e）大家希望什么？

（4c）老师知道谁要回国？

（4d）老师知道"我"要做什么？

（4e）老师知道什么？

13.5 语序限制不同

主谓词组做宾语句可以改变语序，将宾语提到句首；兼语句则不能将 $N_2 + V_2$ 提前。例如：

（1f）*我参加比赛，大家鼓励。

（2f）我参加比赛，大家希望。

（3f）*姐姐去学校，奶奶陪。

（4f）我要回国，老师知道。

（5c）*我明白了一个道理，这次失败使。

（6c）老师给我提供学习的机会，我感谢。

主谓词组做宾语句还可以变换为" $N_1 + V_1 +$ 的是 $+ N_2 + V_2$ "，兼语句不存在这样的变式。例如：

（1g）*大家鼓励的是我参加比赛。

（2g）大家希望的是我参加比赛。

（3g）*奶奶陪的是姐姐去学校。

（4g）老师知道的是我要回国。

（5d）*这次失败使的是我明白了一个道理。

（6d）我感谢的是老师给我提供学习的机会。

13.6 句子拆分的限制不同

兼语句大都能拆分为两个分句，分句间存在"行动—目的 / 结果"关系；主谓词组做宾语句不具备这样拆分的可能性，即使勉强拆分，分句间也不存在"行动—目的 / 结果"关系。

（1h）大家鼓励我，我参加比赛。

（2h）*大家希望我，我参加比赛。

（3h）奶奶陪姐姐，姐姐去学校。

（4h）*老师知道我，我要回国。

（5e）这次失败使我，我明白了一个道理。

（6e）*我感谢老师，老师给我提供学习的机会。

13.7 时间顺序的限制不同

兼语句必须遵循时间顺序原则，第一个表述 $N_1 + V_1 + N_2$ 的时间在前，第二个表述 $N_2 + V_2$ 的时间在后；主谓词组做宾语句则不受时间顺序原则制约。

例（1）中，"大家鼓励我"在先，"我参加比赛"在后；例（3）中，"奶奶陪姐姐"与"去学校"虽然从物理运动顺序上看是同时的，但从心理时间上看还是存在先后关系；例（5）中，"这次失败使我"与"我明白了一个道理"之间的时间顺序更加凸显，这也是致使动词的显著特性。

主谓词组做宾语句不受时间顺序限制，如：例（2）中，"大家希望"在先，"我参加比赛"在后；例（4）中，"老师知道"在后，"我要回国"在先；例（6）中，"我感谢"在后，"老师给我提供学习的机会"在先。

14. 兼语句和双宾语句有何不同？

双宾语句分为两类：一类是谓语动词后面带两个名词性宾语；另一类是间接宾语为表人的名词或代词，直接宾语为谓词性成分，这里又分两种情况，一种是直接宾语为主谓词组，另一种是直接宾语为动宾词组。兼语句与双宾语句的前一类和后一类的第一种情况表层结构差异很大，不容易发生混淆。例如：

（1）她借我一支笔。（体词性双宾语句）

（2）老师问姐姐妈妈几点去上班。（主谓词组做宾语的双宾语句）

例（1）中缺少动词 V_2，不符合兼语句的形式特点；例（2）中 N_2 后面出现了另一个主语 N_3，且 N_2 与 N_3 之间没有领属关系，所以肯定不是兼语句。但是双宾语句的后一类的第二种情况不同，其表层结构与兼语句十分相似，因此不容易辨别。例如：

（3）老师问我几点去学校。（动宾词组做宾语的双宾语句）

（4）老师让我明天去学校。（兼语句）

例（3）和例（4）V_2 的谓语动词都是"去"，而且都与前面的 N_2"我"发生语义关系，"我"是"去"的施事，似乎结构相同，实则不然。辨别兼语句与双宾语句的方法有两种。

14.1 提问方式不同

兼语句中兼语 N_2 后的成分通常用"做什么""怎么样"来提问，而双宾语句对直接宾语的提问则是"什么"。例如：

（5）他让我帮他。——他让"我"做什么？（兼语句）

（6）这件事让我很感动。——这件事让"我"怎么样了？（兼语句）

（7）我陪你读书。——"我"陪你做什么？（兼语句）

（8）他询问管理员什么时候关门。——他询问管理员什么？（双宾语句）

14.2 句式变换不同

双宾语句的直接宾语一般可以提到句首，而兼语句的 V_2 部分则不能提到 N_1 前。例如：

（5a）他让我帮他。——*帮他，他让我。

（6a）这件事让我很感动。——*很感动，这件事让我。

（7a）我陪你读书。——*读书，我陪你。

（8a）他询问管理员什么时候关门。——什么时候关门，他询问管理员。

15. 兼语句和紧缩句有何不同？

紧缩句是由复句紧缩而成的，它具有两个特征：一是紧凑，分句间的语音停顿没有了，结构上更加紧凑；二是减缩，复句中原本的一些词语，尤其是关联词语被压缩掉了，使得分句之间的逻辑关系变得隐蔽。紧缩句是特殊的复句形式，与兼语句有相似之处，需要仔细辨别。

紧缩句是由两个分句紧缩而成的，换句话说它包含了两个陈述，这点与兼语句一样。如果紧缩句前后分句所陈述的主语不同，并且同时出现，那么就会同兼语句在表层形式上重合。但是，两者还是存在差别的。分辨兼语句和紧缩句的方法有：

15.1 N_2 是否可以复现

虽然兼语句在深层结构上看是两个表述，但在表层只是一个主谓结构或由兼语词组构成的非主谓句。从形式上看，兼语并不能重复出现。紧缩句则不同，它不仅在语义上是两个表述，在形式上也可以拆分成两个表述，只不过那个名词或代词被隐含了。通过补出主语，可以发现两者的不同。例如：

（1）你怎么骂他也不听。——你怎么骂他，他也不听。（条件复句）

（2）你应该劝他不要去。——*你应该劝他，他不要去。（兼语句）

（3）你请他会来。——你请他，他会来。（假设复句）

（4）你请他做报告。——*你请他，他做报告。（兼语句）

15.2 V_2 是否可以移位

有些紧缩句的 V_2 在跟 N_2 构成主谓关系时可以移位到 N_2 前充当定语，李临定（1986）认为它有点儿像追补性定语。这类紧缩句的动词 V_1 不含使令义，多为动作动词，后面可以加上动态助词"了"。例如：

（5）我买了一个手机没有充电器。——我买了一个没有充电器的手机。

（6）他娶了一个太太很漂亮。——他娶了一个很漂亮的太太。

（7）我找了一个工人修理自行车。——我找了一个修理自行车的工人。

这类紧缩句的原型在意义上表示转折、顺承或者目的等关系，但是经过位移后则变成了一般的动词谓语句。而表致使义和使令义的兼语句则不能进行这样的位移。例如：

（8）妈妈鼓励我学习音乐。——*妈妈鼓励学习音乐的我。

（9）这件事使我很感动。——*这件事使很感动的我。

（10）我们称他为"诸葛亮"。——*我们称为"诸葛亮"的他。

（11）我们选他当班长。——?我们选当班长的他。

例（8）～（10）不能进行变换，例（11）变换后的意思与原句意义不同，因此也不能随意变换。

15.3 时间顺序原则

兼语句必须遵循时间顺序原则，紧缩句则无此限制。例如：

（12）我们请了一个老师来上课。

（13）我们买了一张桌子三条腿。

"请老师"一定在"上课"前，但是"买桌子"却在"桌子三条腿"之后。

15.4 N_2 之后是否有停顿

兼语句的深层是两个表述，但表层显示的是一个单句，通常 N_2 后面是不停顿的。紧缩句不同，它会根据表达需要进行停顿和插入，有时我们可以据此区分兼语句和紧缩句。

（14）我有一个姐姐叫芳芳。（兼语句）

（15）我有一个姐姐，叫芳芳。（紧缩句）

（16）有架飞机飞过去了。（兼语句）

（17）有架飞机，飞过去了。（紧缩句）

兼语句与紧缩句在表达上存在差异，兼语句侧重介绍，紧缩句侧重展开说明。

16. 兼语句可以转换成"把"字句吗？

"把"字句可以表达致使义，含致使义的"把"字句数量不多，用法特殊，有些与兼语句存在转换关系，但两者之间的转换在语法和语义上存在限制。

16.1 兼语句与"把"字句的转换

兼语句与"把"字句存在转换关系，除了有无类兼语句外，其他三大类兼语句都有可能转换成"把"字句。例如：

（1）姐姐的话使他感动得哭了起来。（致使类兼语句）

（1a）姐姐的话把他感动得哭了起来。（"把"字句）

（2）他拧了半天才让门打开。（致使类兼语句）

（2a）他拧了半天才把门打开。（"把"字句）

（3）我请他到我家做客。（使令类兼语句）

（3a）我把他请到我家做客。（"把"字句）

（4）我每天送孩子去幼儿园。（使令类兼语句）

（4a）我每天把孩子送去幼儿园。（"把"字句）

（5）大家都称他为"小老师"。（称呼类兼语句）

（5a）大家都把他称为"小老师"。（"把"字句）

（6）他封自己为班长。（称呼类兼语句）

（6a）他把自己封为班长。（"把"字句）

16.2 兼语句转换成"把"字句的语法形式

不同类型兼语句转换成"把"字句的句法形式不同。

致使类兼语句转换前为：$N_1 + V_1 + N_2 + V_2$。转换后为：$N_1 + 把 + N_2 + V_2$。

使令类兼语句转换前为：$N_1 + V_1 + N_2 + V_2$。转换后为：$N_1 + 把 + N_2 + V_1 + V_2$。

称呼类兼语句转换前为：$N_1 + V_1 + N_2 + V_2$。转换后为：$N_1 + 把 + N_2 + V_1 + V_2$。

16.3 兼语句转换成"把"字句的句法语义限制

16.3.1 致使类兼语句转换成"把"字句的句法语义限制

致使类兼语句与"把"字句的转换最简单，只要将"使、让"等换成"把"就完成了句式的转换过程，但这种转换是有条件的。

16.3.1.1 N_1 的句法语义限制

致使类兼语句的主语 N_1 十分特殊，通常是由名词性词组、谓词性词组、主谓词组、介宾词组甚至分句充当。在语义上，N_1 通常不是施事，而是表现为一个事件，即便是谓词性词组，也表现出名物化倾向。（李临定，1986；车竞，1996；陈昌来，2001）

"把"字句的主语通常是具有自主性的施事，但有一类表致使义的"把"字句，虽然数量不多，但用法特殊，属非典型的"把"字句。这类"把"字句的主语不具有"自主性"，只有"使因性"的特点。（张伯江，2001）我们称之为致使性事件。例如：

（7）沉重的家庭负担把妈妈压得喘不过气来。

例（7）中 N_1 是原因，$N_2 + V_2$ 是结果，这一点与致使类兼语句的语义表达是一致的。因此，致使义"把"字句与致使类兼语句具有转换的条件。例（7）可以转换为例（7a）。

（7a）沉重的家庭负担使妈妈喘不过气来。

但是，N_1 的表事件特征只是致使类兼语句转换为"把"字句的条件之一，要想实现转换还需要别的条件。

16.3.1.2 N_2 的句法语义限制

致使类兼语句的 N_2 与"把"字句的 N_2 在句法和语义要求上具有共通之处。致使类兼语句的 N_2 通常是名词性词语，包括名词、名词性词组、代词等，其中绝大多数是表人的，少数是指事物的。"把"字句的"把"后面必须带一个受控制、受影响的被支配者做宾语，这些宾语多数是表物的，少数是表人的，一般也是由名词性词语充当，在特殊情况下才由动词性或形容词性词语充当。两种句式在词语使用上一致性很强。

由于"把"字句要求"把"后面的宾语是定指的，而致使类兼语句的 N_2 并不排斥不定指成分，因此那些含不定指 N_2 的致使类兼语句通常不能转换为"把"字句。例如：

（8）长时间坐飞机会使一个人的下肢血液循环不畅。

（8a）＊长时间坐飞机会把一个人的下肢血液循环不畅。

16.3.1.3　V_2 的句法语义限制

"把"字句的谓语主要由动作动词、心理动词和性状谓词（包括状态动词和形容词）充当，句式意义决定了"把"字句的谓语不能是光杆动词，动词后面必须添加词语来表达动作所产生的结果。致使类兼语句要求 N_2+V_2 表达的是某种感知性事件，包括人的心理感情和生理感觉。这点与致使义"把"字句要求谓语为心理动词或性状谓词的要求相契合。但是，致使类兼语句与"把"字句有三点重要的不同：

一是致使类兼语句不排斥光杆动词或形容词，如："虚心使人进步""这件事使人开心"。

二是致使类兼语句的 V_2 除了后面可以带补语外，也不排斥前面有修饰性成分做状语，如："这件事使他非常为难。"

三是致使类兼语句的 N_2+V_2 必然能构成主谓关系，这是"使"字句和"把"字句的重要区别特征（李大忠，1996a），如："这件事使他难住了。"下面我们就从 V_2 的构成入手，探讨致使类兼语句转换为"把"字句的可能性。

在动词 V_2 的语义方面，致使类兼语句与"把"字句也表现出不同的选择性。致使类兼语句对 V_2 的语义要求较低，动作动词、感官动词、心理动词、关系动词、性质形容词和状态形容词都可以充当 V_2，"把"字句的动词范围则较窄，只有较为封闭的几个小类，主要是表示分合、变化、呈现、位移、经验等的动词或形容词。因此，致使类兼语句要顺利转换成"把"字句，就必须满足"把"字句对动词的这些语义要求。

1. V_2 的句法限制。

致使义"把"字句对 V_2 的句法限制很严，如果致使类兼语句中的 V_2 是光杆动词、形容词、主谓词组、状中词组或动宾词组，则很难转换为"把"字句，只有少数动补合成词是例外。例如：

（9）他的事迹令人感动。

（9a）＊他的事迹把人感动。

（10）这次失败让我深深自责。

（10a）＊这次失败把我深深自责。

（11）这个好消息使大家精神振奋。

（11a）＊这个好消息把大家精神振奋。

（12）不断的失败使他对未来产生了怀疑。

（12a）＊不断的失败把他对未来产生了怀疑。

（13）这样做才能使教学水平提高。

（13a）这样做才能把教学水平提高。

致使类兼语句的 V_2 如果是述补词组，补语类型包括结果补语、情态补语或趋向补语，可以转换成"把"字句；如果是数量补语，转换的可能性很低；如果是可能补语，则很难转换为"把"字句。例如：

（14）一杯酒就使你醉成这样。（结果补语）

（14a）一杯酒就把你醉成这样。（结果补语）

（15）这个消息让他变得焦虑不安。（情态补语）

（15a）这个消息把他变得焦虑不安。（情态补语）

（16）他又深吸一口气，使身子沉下去了。（趋向补语）

（16a）他又深吸一口气，把身子沉下去了。（趋向补语）

（17）他突然出现使我吓了一跳。（数量补语）

（17a）他突然出现把我吓了一跳。（数量补语）

（18）你们这样做将使任务完成不了。（可能补语）

（18a）＊你们这样做将把任务完成不了。（可能补语）

2. V_2 的语义限制。

致使义"把"字句由于受到特定构式义的限制，对谓语动词有特殊要求，致使类兼语句的 V_2 中只有少数动词或形容词符合要求。（徐燕青，1999；宛新政，

2005；金贞儿，2012）

（1）分合义。

此类动词通常表示两种事物发生的关联，或分或合，常常带上表结果义的"去""来"或者"起来"等趋向词语。例如：

对立、区分、分解、溶解、结合、联合、合并、调和、等同、融化、综合、混淆、联系、凝聚、集中、分散、挂钩、联结、拼凑、统一、联、融合、圈、粘、对

（2）变化义。

此类动词包括一些"化"尾复合动词、述补式复合词以及表示状态变化的动词。例如：

合法化、庸俗化、专业化、制度化、职业化、增加、减少、扩大、缩小、发展、提高、变成、变为、成为、化为、转为、转变

（3）存现义。

此类动词主要表示事物的出现、呈现、消失，一般带表结果义的"出来""进去""下去""出去"等趋向词语。例如：

暴露、透露、泄漏、掩盖、显示、展现、体现、排除、淘汰、消化、荒废、毁灭、取消、浪费、保存、储存、保留、恢复、隐退、藏、露

（4）位移义。

此类动词本身不一定直接表示位移义，但后边常常附有介词并带上处所宾语，表示主体的位移。例如：

转移、降落、推进、倒退、颠倒、凑、堆、侧、移、铺、散

（5）感知义。

此类动词主要是表示生命体的生理或者心理感觉，后面一般要带上表结果义的补语成分。例如：

高兴、兴奋、感动、激动、悲痛、痛苦、心疼、累、冷、饿、胀、疼、馋、憋、乐、急、想、气

16.3.2 使令类兼语句转换成"把"字句的句法语义限制

使令类兼语句与"把"字句的转换不能通过简单替换"使"和"把"完成，需要进行句式变形，将 $N_1 + V_1 + N_2 + V_2$ 变成"$N_1 +$ 把 $+ N_2 + V_1 + V_2$"，其中

$V_1 + V_2$ 构成述补关系。

16.3.2.1 N_1 与 N_2 的句法语义限制

使令类兼语句的主语 N_1 是使令动词 V_1 的致使者，N_2 是致使对象，两者均要求由表人的名词性词语充当；致使义"把"字句对主语 N_1 和介词"把"的宾语 N_2 的语义要求较宽松，既可以是表人的，也可以是表物的。致使类兼语句只能跟 N_1 和 N_2 均表人的"把"字句构成转换关系。例如：

（19）我们请他来给学生上课。

（19a）我们把他请来给学生上课。

16.3.2.2 V_1 和 V_2 的句法语义限制

1. V_1 的句法语义限制。

使令类兼语句要成功转换为"把"字句，必须首先解决使令动词 V_1 与"把"字句谓语动词的兼容问题。

在使令类兼语句的九个小类中，我们发现有七类（包括派遣类、催逼类、要求类、鼓动类、教导类、帮带类、选举类）可以转换为"把"字句，有两类（嘱托类、允让类）不能。在可转换的兼语句小类中，由于 V_1 的语法特点不同，转换为"把"字句的成功率也不同。

首先，V_1 必须能够带补语，特别是趋向补语或者结果补语。以下使令类兼语句中带下画线的动词一般可以带趋向补语（来、去、起来）或结果补语（到、成、成为、为），可以转换成"把"字句，其他动词转换的条件比较严苛，甚至无法转换。

派遣类：常用动词包括"<u>派</u>、<u>派遣</u>、<u>差遣</u>、<u>委派</u>、<u>招呼</u>、呼唤、命令"等。

催逼类：常用动词包括"<u>逼</u>、<u>逼迫</u>、<u>强迫</u>、催、催促"等。

要求类：常用动词包括"<u>要</u>、<u>请</u>、<u>求</u>、叫、要求、请求、乞求、恳求"等。

鼓动类：常见动词包括"<u>劝</u>、<u>动员</u>、<u>发动</u>、<u>组织</u>、<u>鼓动</u>、鼓励、怂恿"等。

教导类：常见动词包括"<u>教导</u>、<u>培养</u>、<u>训练</u>、<u>辅导</u>、教、指导、指引、指挥"等。

帮带类：常见动词包括"<u>带</u>、<u>领</u>、<u>带领</u>、<u>引导</u>、<u>送</u>、<u>护送</u>、<u>扶</u>、<u>搀</u>、<u>搀扶</u>、率领、领导、帮、帮助、协助、陪、陪同"等。

选举类：常见动词包括"选、选举、提拔、任命、留"等。

其次，有些使令类兼语句的动词 V_1 后面可以带动态助词"着、了、过"，可一旦如此，就不能直接转换成"把"字句了。例如：

（20）政府任命他为大使。

（20a）政府把他任命为大使。

（20b）政府任命了他为大使。

（20c）＊政府把他任命了为大使。

（21）老师差遣他的学生去完成这件事。

（21a）老师把他的学生差遣去完成这件事。

（21b）老师差遣过他的学生去完成这件事。

（21c）＊老师把他的学生差遣过去完成这件事。

使令类兼语句的 V_1 都或多或少含致使义，但致使的方式和强度不同，有些 V_1 是言语使令，有些是动作致使。如："命令"具有强言语型使令义，"派"包含强行动型致使义；"求"具有弱言语型使令义，而"教"则含弱行动型致使义。"把"字句要求 V_1 具有处置义，因此行动型使令动词构成的兼语句转换成"把"字句的成功概率高于言语型使令动词构成的兼语句。例如：

（22）我命令他去完成这个任务。

（22a）＊我把他命令去完成这个任务。

（23）领导派他去完成这个任务。

（23a）领导把他派去完成这个任务。

（24）我求他来帮我。

（24a）＊我把他求来帮我。

（25）我教玛丽学汉语。

（25a）＊我把玛丽教学汉语。

不过这并非绝对，有些可以带补语的要求义兼语动词如"叫、求"等，偏向归于言语型动词，但这类动词可以带趋向补语，所以也可以转换成"把"字句。例如：

（26）老师叫他去完成这个任务。

（26a）老师把他叫去完成这个任务。

总体上看，动作性强的兼语动词转换成"把"字句的可能性更大些。

2. V_2 的句法语义限制。

使令类兼语句在转换成"把"字句时，需要将 V_1 与 V_2 合并，构成"N_1 + 把 + N_2 + V_1 + V_2"形式，其中 V_2 在"把"字句中充当 V_1 的补语。由于"把"字句的句式意义要求"把"能对 N_2 进行处置，使之发生变化、位移或产生结果，这就制约了使令类兼语句 V_2 的语义类型。能转换为"把"字句的使令类兼语句的动词 V_2 有两类：

（1）趋向动词。

如果 V_2 是趋向动词，如"来、去、上、进、回、到、进去、进来"等，并且与 V_1 构成动补关系，使令类兼语句就可以转换为"把"字句。例如：

（27）你扶她上车。

（27a）你把她扶上车。

（28）我劝他去比赛。

（28a）我把他劝去比赛。

（2）表结果的动词。

主要有"成、成为、为"等。例如：

（29）大家推荐他成为候选人。

（29a）大家把他推荐成为候选人。

（30）我们选他为班长。

（30a）我们把他选为班长。

16.3.3 称呼类兼语句转换成"把"字句的句法语义限制

16.3.3.1 称呼类兼语句转换成"把"字句的句法限制

称呼类兼语句的内部结构比较固定，可以进入的动词 V_1 和 V_2 的类型和数量都十分有限，其码化形式是 N_1 + V_1 + N_2 + V_2。称呼类兼语句转换成"把"字句时需要变形为"N_1 + 把 + N_2 + V_1 + V_2"，V_1 和 V_2 结合得很紧，中间不能插入其他成分。例如：

（31）我们称他为小老头儿。

（31a）我们把他称为小老头儿。

（32）我们叫他作新时代少年。

（32a）我们把他叫作新时代少年。

16.3.3.2 称呼类兼语句转换成"把"字句的语义限制

称呼类兼语句是不含使令义的兼语句，但是却可以转换成"把"字句，可见命名的行为过程隐含着对事物的处置。能进入这类兼语句的动词很少，V_1 只有"称、叫、称呼、认、追认"等，而能够充当 V_2 的动词更少，只有"为、作、是"等少数几个非动作动词，所构成的固定形式主要有"N_1＋称＋N_2＋作""N_1＋称＋N_2＋为"和"N_1＋称＋N_2＋是"三种，其中前两种可以自由转换为"N_1＋把＋N_2＋称作"或"N_1＋把＋N_2＋称为"等"把"字句形式，但是"N_1＋称＋N_2＋是"却不能转换成"把"字句。例如：

（33）大家都称他是小画家。

（33a）＊大家都把他称是小画家。

第二部分 兼语词组、兼语句与相似结构辨析

17. "有一件事情找你"和"有一个朋友找你"的结构、用法有何不同?

17.1 两个词组的不同

"有"是关系动词,不表示动作行为,其基本意义是领有、存在、具有、发生、列举、达成等,其中表领有和存在是最常见的用法。例如:

(1)有一件事情找你

(2)有一个朋友找你

例(1)和例(2)在表层形式上十分相似,其格式均为"有+名词性成分+谓词性成分",码化形式为 $V_1+N_2+V_2$,语义上都包含了两个表述。但是,它们的内部结构和用法是不同的,例(1)是连谓词组,例(2)是兼语词组。

17.1.1 V_1 和 V_2 的主语不同

V_1 和 V_2 所陈述的对象不同。连谓词组中, V_1 和 V_2 是陈述同一个对象的,即陈述的是同一个主语,如例(1)中的"有""找"都是陈述前面未出现的主语 N_1 的,这个主语通常是表人的名词、代词或名词性词组。例(1)的 N_1 虽未出现,但隐含的主语一定是某人或某机构。例(2)是兼语词组, V_1 动词"有"和 V_2 动词"找"陈述的并不是同一个主语, V_1 的主语通常是表人的名词、代词或名词性词组,也可以是表处所或时间的名词或词组, N_1 常常不出现。例如:

(1a)唐老师有一件事情找你

（1b）他有一件事情找你

（1c）公司有一件事情找你

（2a）我有一个朋友找你

（2b）公司有一个朋友找你

（2c）外面有一个朋友找你

17.1.2 N_2 的作用不同

连谓词组和兼语词组中"有"后面的名词性成分在句中的句法功能不同。例（1）中的"一件事情"是"有"的宾语，与后面的 V_2 动词"找"没有直接的语法关系。例（2）中的"一个朋友"却具有双重身份，既是 V_1 动词"有"的宾语，又是 V_2 动词"找"的主语。从语义上看，例（1）的 N_2"一件事情"只是 V_1"有"的止事，而例（2）的 N_2"一个朋友"不仅是"有"的当事，还是 V_2"找你"的施事。

17.1.3 内部关系不同

如果将例（1）和例（2）拆分开来，可以变成两个词组：

（1d）（N_1）有一件事情、（N_1）找你

（2d）（N_1）有一个朋友、朋友找你

例（1）是由两个动宾词组连贯而成的，是连谓词组；例（2）是由一个动宾词组和一个主谓词组系连而成的，是兼语词组。由于构成方式不同，V_1 与 V_2 的关系意义不同。

连谓词组"有一件事情找你"的前一个表述表原因，后一个表述表结果。因为"有一件事情"，所以"找你"。

兼语词组"有一个朋友找你"的两个表述之间没有因果关系，只有顺承关系，前一个表述引介对象，后一个表述陈述说明对象。先引出"一个朋友"，再说明"朋友"做什么或者怎么样。

例（1）和例（2）的语义焦点也不同。例（1）的语义焦点在前一个表述"有一件事情"上，表明"找你"的原因；例（2）的语义焦点在后一个表述"找你"上，强调说明所引出的对象"一个朋友"。

17.1.4 变换方式不同

连谓词组的因果顺序可以互换，先说结果再说原因；兼语词组中引出对象和陈述说明是单向的，不能颠倒顺序。例如：

（1e）找你有一件事情

（2e）*找你有一个朋友

17.1.5 语用功能不同

连谓词组"有一件事情找你"只有一个话题（范开泰、张亚军，2000），也就是"有"的主语，这个话题在句中通常要出现，后面的句子围绕这个话题展开。例如：

（3）昨天我有一件事情找你，我打电话到你家，可是没有人接电话。

（4）昨天我在公司上班，老板突然走进来，有一件事情要找你，问我知不知道你去哪儿了。

有无类连谓词组的主要功能是陈述一个复杂的与结构话题相关的事件。例（3）的话题是"我"，述题是"有一件事情"。话语话题也是"我"，展开句的述题"打电话到你家"也是"我"陈述的。

有无类兼语词组做谓语或独立成句的主要语用功能是引出新的话语话题，这个新话题与主话题（N_1）存在两种关系：一是领有关系，二是存在关系。在篇章中它既可以作为起始句出现，也可以作为展开句出现。例如：

（5）昨天我有一个朋友找你，他在你的门口敲了半天门，可是没有应答，他就走了。

（6）今天上午我去教室上口语课，下课的时候，有一个朋友找你，他问我你在哪里。我告诉他你病了，没来上课。

例（5）、例（6）都包含了表领有的兼语词组"有一个朋友找你"，例（5）出现在起始句中，例（6）出现在展开句中，主要功能都是引出新的话语话题"一个朋友"。这里，虽然"一个朋友"是不定指成分，但是通过"有"的引介，具有了成为话题的条件，也具备了做主语的条件。袁毓林、李湘、曹宏等（2009）认为："'有'作为一个存在算子，可以对有关在指称上无定的名词性成分进行存在量化，从而使这个本来传递新信息的名词性成分也可以成为当下话语的话题或次话题。"

17.2 教学建议

连谓词组和兼语词组在结构上十分相似，区分的要点主要有以下两个方面：

17.2.1 看 N_2、V_2 的结构与语义关系

17.2.1.1 N_2、V_2 之间没有结构关系，也没有语义关系

如果 N_2 只跟 V_1 存在结构关系，与 V_2 之间没有任何结构关系，也不存在直接的语义关系，则可以判断为连谓词组，非兼语词组。例如：

（7）有事要出国

（8）有机会学习

17.2.1.2 N_2、V_2 之间没有结构关系，但存在语义关系

如果 N_2 只跟 V_1 存在结构关系，与 V_2 之间没有任何结构关系，但是 N_2 与 V_2 有直接的语义关系，是 V_2 的受事、处所、时间或者工具，则可以判断为连谓词组，非兼语词组。例如：

（9）有工作要做（受事）

（10）有地方住（处所）

（11）没有时间玩（时间）

（12）有钥匙开门（工具）

17.2.1.3 N_2、V_2 之间有结构关系，也存在语义关系

如果 N_2 不仅跟 V_1 存在动宾关系，也与 V_2 存在主谓关系，同时，N_2 在语义上还是 V_2 的施事、系事或者起事，则可以判断为兼语词组，非连谓词组。例如：

（13）有同学来找我

（14）有个女儿可爱极了

（15）有个姑娘叫小芳

17.2.2 看"有"前的成分

无论"有 $+N_2+V_2$"是兼语词组还是连谓词组，前面都可以加上主语构成兼语句或者连谓句。但是，"有"字兼语句有两类，分别是表领属的兼语句和表存在的兼语句，而连谓句中没有表存在的类型，我们可以根据这一点来区分"有"字兼语词组和"有"字连谓词组。

17.2.2.1 "有" 前成分是主语

如果 "有" 前出现的是表处所的名词或名词性词组，且 "N_1 + 有 + N_2" 之间构成存现句，则 "N_1 + 有 + N_2 + V_2" 构成表存在的兼语句，"有 + N_2 + V_2" 可判断为兼语词组。例如：

（16）运动场上有几个孩子在打球。

（17）桌子上有个杯子倒了。

17.2.2.2 "有" 前成分是状语

如果 "有" 前出现了表处所的名词或名词性词组，但不是 "有" 的主语，也不与 "有 + N_2" 构成存现句，则 "有 + N_2 + V_2" 只能判断为连谓词组，不是兼语词组。例如：

（18）家里有事要处理。

（19）单位有工作要做。

18. "我派他去国外" 和 "我送他去国外" 在结构、用法上有何不同？

（1）我派他去国外。

（2）我送他去国外。

例（1）和例（2）都是使令类兼语句，它们之间有很多相同点，但也存在细微的差别。

18.1 结构上有差异

例（1）和例（2）的码化形式都是 N_1 + V_1 + N_2 + V_2，都可以拆分成前后两个表述，但拆分后的句子结构有所不同。例如：

（1a）我派他、他去国外

（1b）* 我派他、我去国外

（1c）* 我派他、我和他去国外

（2a）我送他、他去国外

（2b）*我送他、我去国外

（2c）我送他、我和他去国外

例（1a）和例（2a）都可以说，但例（1b）和（1c）不成立，例（2b）不成立，例（2c）成立。这说明例（2）中的"去"既可以跟"他"构成主谓关系，又可以跟"我"构成主谓关系，而例（1）中的"去"只能跟"他"构成主谓关系。

例（1）和例（2）还有不同的转换形式，例（2）可以在"他"后面加上"一起"，例（1）不能。

（1d）*我派他一起去国外。

（2d）我送他一起去国外。

例（1）和例（2）还都可以转换成"把"字句。例如：

（1e）我把他派去国外。

（2e）我把他送去国外。

这时，两个句子中"去国外"的只能是"他"，不能是"我"。

18.2 语义上有差异

兼语动词"派"是强使令义的动词，它要求后续动作完全由后面的兼语 N_2 完成，使令者本身是不参与的。但是，"送"不同，它是伴随性动词。"送"的主体既可以与兼语共同完成后续动作，也可以不参与后续动作；既可以在所参与的后续动作中起主导作用，也可以只起辅助作用。在例（1）和例（2）中，"去"的语义指向是不同的，例（1）的"去"指向"他"，例（2）的"去"既可以指向"他"，也可以指向"我"。

"送"是完全伴随义还是部分伴随义，有时需要通过语境判断识别。例如：

（3）反正我也要去公司，不如我送你去公司吧。（一起去公司）

（4）我送他上车。（可能一起上车，也可能不一起上车）

（5）我送他去考试。（一起去，但不可能一起考试）

"送"还有一个引申义，即为了实现某种目的而送某人去哪里或做某件事。

这个义项目前的《现代汉语词典》（第7版）没有收录。例如：

（6）很多妈妈都希望送孩子出国读书。

（7）你应该送孩子去学习音乐。

例（6）、例（7）中的"送"都不具有伴随义，而是具有弱使令义，相当于使令动词"让"。

"派"是强使令义动词，它要求其后的兼语 N_2 完成某种使命或任务，它对 V_2 有特别的要求。例如：

（8）＊妈妈派我去学校。

（9）？妈妈派我去买早餐。

（10）＊学校派我打篮球。

（11）学校派我参加比赛。

例（8）不能说是因为"去学校"只是一个行为，不是一项具体任务；例（9）如果语境适当是可以说的，只是静态看显得过于正式，用"让"更合适；例（10）与例（8）类似，任务不明确，"打篮球"的目的是什么，不清楚；例（11）最合适，"学校"是正式的组织，"参加比赛"也是一项具体的任务，使用"派"正确。

18.3 教学建议

派遣类兼语句与帮带类兼语句的基本语法形式一样，但意义和作用不同。要让学生正确使用这两类兼语句，必须注意两个方面的问题：

一是准确释义。"派"的释义要强调任务性，"送"要强调伴随性。

二是创设情境，利用图片帮助学生理解和掌握这两类兼语句的使用场合和交际功能。

另外，要注意英语中的"派"和"送"都有 send 的意思，学生容易误用。当学生出现下列病句时应该清楚原因，并采用相应策略加以纠正。

（12）＊我派那个小孩子回家。

（12a）我送那个小孩子回家。

（13）＊邮递员派了一封信给我。

（13a）邮递员送了一封信给我。

例（12）、例（13）都是由母语负迁移造成的，教师在释义时如果能进一步说明"派"的对象通常是人或有行动能力的物，"派"的目的是让他们去完成某项任务，学生出错的情况可能会减少。当出现类似例（14）的句子时，教师也容易做出合理的解释。

（14）医院派救护车去车祸现场救治伤员。

19. "鼓励他去"和"希望他去"在结构、用法上有何不同？

（1）鼓励他去

（2）希望他去

例（1）、例（2）两个词组在表层结构上很相似，码化形式都是（N_1＋）V_1＋N_2＋V_2，但是它们在内部结构和语义特征上存在差异，例（1）是兼语词组，例（2）是动宾词组。

19.1 动词 V_1 分析

"鼓励"和"希望"都是及物动词，都能够带宾语。例如：

（3）老师常常鼓励他。

（4）我希望能上大学。

从 V_1 的性质看，"鼓励"含使令义，属于使令动词，"希望"是表内心活动的心理动词，二者动作的性质不同，句法功能也存在差异。"鼓励"后面可以带动态助词"着、了、过"，"希望"不能。例如：

（5）我鼓励过她减肥。

（6）＊我希望过她减肥。

"希望"是表心理活动的动词，前面可以带程度副词"很、非常"，"鼓励"一般不能。例如：

（7）* 我很鼓励他去。

（8）我很希望他去。

"鼓励"可以单独带表人的名词或代词作为受事宾语，"希望"不能。例如：

（9）我鼓励他。

（10）* 我希望他。

此外，"鼓励"可以重叠，如"鼓励鼓励"，"希望"不能重叠。

"鼓励"只是动词，不能做名词，前面通常不能带数量词组；"希望"是兼类词，除了做动词，还可以做名词，前面带数量词组，如"一个希望"。

19.2 结构分析

19.2.1 内部结构关系不同

例（1）是兼语词组，其内部结构可以分化为动宾词组 $V_1 + N_2$ 和主谓词组 $N_2 + V_2$ 两个部分；例（2）只能分解成 V_1 和 $N_2 + V_2$ 两部分，主谓词组 $N_2 + V_2$ 充当 V_1 的宾语。

"鼓励"的宾语是"他"这个人，不是"他去"这件事；"希望"的宾语是"他去"这件事，而不是"他"这个人。由于"鼓励"和"希望"各自所带的宾语不同，例（1）与例（2）的提问方式也有所不同。

（11）A 鼓励谁？　　　　　　　　A'* 希望谁？

　　　　B 鼓励他做什么？　　　　B' 希望他做什么？

　　　　C* 鼓励什么？　　　　　　C' 希望什么？

例（11）的 C 和 A' 不成立。

19.2.2 内部时空关系不同

例（1）的 $V_1 + N_2$ 与 $N_2 + V_2$ 之间必须遵循时间顺序原则，即 $V_1 + N_2$ 的动作在前，$N_2 + V_2$ 的动作在后；例（2）的 V_1 与 $N_2 + V_2$ 之间不受时间顺序原则制约，$N_2 + V_2$ 可以发生在 V_1 之前。例如：

（1a）* 鼓励他已经去了。

（2a）希望他已经去了。

例（1a）不成立是因为"他已经去了"发生在"鼓励"之前，违反了兼语词组需遵守的时间顺序原则，例（2a）不是兼语词组，不受此原则限制，虽然"他已经去了"可能在"希望"的心理活动之前已成事实，但句子依然成立。

　　例（1）与例（2）内部时空关系的不同还表现在动词的否定形式上。首先，它们都能用"不""没"和"别"对动词 V_1 进行否定，这点两者没有差别。其次，它们也能针对动词 V_2 进行否定，但例（1）只能用"不"和"别"否定 V_2，不能用"没"否定，而例（2）则可以用"不""没"和"别"否定 V_2。例如：

（12）A 不鼓励他去。　　　　　　A'鼓励他不去。

　　　B 没鼓励他去。　　　　　　B'*鼓励他没去。

　　　C 别鼓励他去。　　　　　　C'鼓励他别去。

　　　D 不希望他去。　　　　　　D'希望他不去。

　　　E 没希望他去。　　　　　　E'希望他没去。

　　　F 别希望他去。　　　　　　F'希望他别去。

例（12）的 B'违反了时间顺序原则，所以不成立。

19.3 语义限制

19.3.1 大主语 N_1 的语义限制

"鼓励他去"和"希望他去"前面都可以加上表人或机构的施事主语，"鼓励"和"希望"都具有［+自主］的语义特征。其他类型的主语都不能与这两个词组结合，这是它们的共性。例如：

（1b）老师鼓励他去。

（2b）老师希望他去。

19.3.2 小主语 N_2 的语义限制

例（1）中的"他"具有双重身份，既是 V_1 的受事宾语，同时又是 V_2 的施事主语，因此，N_2 通常具有［+生命］的语义特征。例（2）中的 N_2 不直接与 V_1 发生关系，只与 V_2 构成主谓关系，N_2 可以是有生命的，也可以是无生命的，标记为［+/-生命］。例如：

（13）我希望明天晴天。（N_2 是时间）

（14）我希望问题解决了。（N_2 是 V_2 的受事）

（15）我希望每个人我都给一本书。（N_2 是与事）

（16）我希望教室里有人。（N_2 是处所）

（17）我希望大碗吃饭。（N_2 是工具）

当 N_1 和 N_2 指向同一个主体时，例（1）的 N_2 必须使用代词"自己"，不能用其他人称代词，例（2）则不受限制。例如：

（18）我鼓励自己去。

（18a）* 我鼓励我去。

（19）我希望自己去。

（19a）我希望我去。

19.3.3 V_2 的语义限制

例（1）中的 V_2 必须是 N_2 的动作行为，例（2）中的 V_2 既可以是 N_2 的动作行为，也可以表示 N_2 的某种状态。例如：

（20）我鼓励他出去闯闯。

（21）我鼓励他上大学。

（22）我希望自己快点儿长大。

（23）我希望自己瘦一点儿。

19.4 教学建议

19.4.1 教学设计的焦点

"鼓励 + N_2 + V_2"是表使令义的兼语词组，包含了"鼓励他"和"他去"两个表述，其中"他"是兼语，是联系前后表述的关键点，因此教学设计应该围绕"他"展开；而"希望 + N_2 + V_2"是动宾词组，词组的焦点是宾语 N_2 + V_2，因此教学设计应该针对"他去"展开。由于结构不同，两类词组的设问方式也不同。"鼓励他去"的提问方式有两种，一是针对兼语"他"，二是针对 V_2，如"鼓励谁去？""鼓励他做什么？"；"希望他去"的提问方式只有一种，即针对宾语"他去"提问，如"希望什么？"。

19.4.2 语用功能

"鼓励 + N_2 + V_2"只有一种语用功能，即激励某人做某事。"鼓励"是指当某人处于不利或被动的情况下，通过言语或行为给予其精神上的支持。使用使令动词"鼓励"的典型情境是"某人遇到了不顺利的境况，行动产生迟疑"。

"希望＋N_2＋V_2"主要有三种不同的语用功能：

一是表达对听话者的祝愿，如："希望你幸福快乐！"

二是表达自己的愿望，如："希望我（自己）能考上大学。"

三是表达对听话者的期望，如："希望你能吸取教训。"

在教学设计时，教师要根据不同的语用功能选择不同的典型语境，设计不同的引导性问题，帮助学生正确使用这两类结构，以取得良好的教学效果。

20. "我帮他做功课"和"我陪他做功课"在结构、用法上有何不同？

20.1 V_1 动词分析

"帮"和"陪"都是使令类兼语句中含帮带义的兼语动词，都能够带受事宾语。例如：

（1）我帮他。

（2）我陪他。

"帮"和"陪"都含有帮带义，有从旁协助、让他人顺利完成后续动作的意思。例如：

（3）他自己做功课，我帮他。

（4）他自己做功课，我陪他。

从协助的程度看，"帮"的程度高于"陪"，"陪"的主语在后续行动中处于配角位置，不作为动作的主角，但"帮"的主语不同，它既能充当配角，也可以充当主角，完全或部分取代他人完成后续动作。例如：

（5）他看电视，我帮他做功课。

（6）*他看电视，我陪他做功课。

例（5）的"帮"含［+代替］的语义特征，所以"他看电视"和"我做功课"是分别独立完成的两件事，"我"将原本应该由"他"做的事完全接替了过来。

例（6）的"陪"含［-代替］的语义特征，"做功课"的动作不能被"我"完全替代。"他"要同时"看电视"和"做功课"是不可能的，所以例（6）不成立。

20.2 结构分析

20.2.1 内部结构不同

分析显示，虽然"帮"和"陪"均含［+使令］和［+协助］的语义特征，可是还有各自的词汇意义，"帮"含［+代替］的语义特征，"陪"含［-代替］的语义特征。例如：

（7）我帮他做功课。

（8）我陪他做功课。

例（7）可以拆分为下列两种句子：

（7a）我帮他。　　　　　　他做功课。［+协助］（兼语句）

　　　　$N_1 + V_1 + N_2$　　　　$N_2 + V_2$

（7b）我帮他。　　　　　　我做功课。［+代替］（连谓句）

　　　　$N_1 + V_1 + N_2$　　　　$N_1 + V_2$

例（7a）中 N_2 是 V_1 的宾语，同时又是 V_2 的主语，与 V_2 有施动关系，N_1 虽然也部分参与 V_2 的动作，但不是主要角色。所以例（7a）属于兼语句。

例（7b）不同，N_1 代替 N_2 完成后续动作 V_2，N_2 并未参与 V_2。所以例（7b）属于连谓句。

例（8）与例（7）不同，它只能拆分为例（8a），不能拆分成例（8b），所以只是兼语句。

（8a）我陪他。　　　　　　他做功课。　［+协助］（兼语句）

　　　　$N_1 + V_1 + N_2$　　　　$N_2 + V_2$

（8b）* 我陪他。　　　　　　我做功课。

　　　　$N_1 + V_1 + N_2$　　　　$N_1 + V_2$

20.2.2 转换关系不同

"帮"字连谓句可以用介词"替""为"替换动词"帮"，将连谓句转换为带介宾词组的一般动词谓语句；"帮"字兼语句没有这种转换关系；"陪"字兼语句则只能用介词"跟"替换，将兼语句转换成带介宾词组的一般动词谓语句。

20.3 教学建议

"帮"既可以构成兼语句，又可以构成连谓句，这两种句式的教学方法是不同的。可以采用词汇策略和提问策略帮助学生掌握这两种句式。

20.3.1 词语替换

在教授［+协助］的"帮"字兼语句时，可以使用"帮助"或"协助"来辅助，让学生理解这里的"帮"只是从旁协助，没有取而代之的意思。

在教授［+代替］的"帮"字连谓句时，可以考虑用"替""为"这两个介词来辅助。而在教授［+协助］的"陪"字兼语句时，则可以用"跟他一起"或"陪他一起"来强化 N_1 和 N_2 的协作关系。

20.3.2 情境设问

通过创设典型情境，配合引导性问题帮助学生掌握"帮"和"陪"的用法。
"帮"的典型情景：

1. 情景一：厨房里妈妈正在做饭，孩子在一旁洗菜。

老师：妈妈在做什么？　学生：妈妈正在做饭。

老师：妈妈一个人做饭吗？　学生：不是，她的孩子帮她做饭。

2. 情景二：在教室里，一个学生在学习，老师在旁边指导他。

老师：学生在做什么？　学生：他在学习。

老师：老师在做什么？　学生：她在帮学生学习。

3. 情景三：客厅里，小孩儿正在津津有味地看着电视上的动画片，爷爷在一旁无精打采地看电视。

老师：那个小孩儿在做什么？　学生：他在看电视。

老师：他喜欢电视节目吗？　学生：他很喜欢。

老师：爷爷喜欢看电视吗？　学生：爷爷不喜欢看电视。

老师：他为什么坐在孩子旁边？　学生：爷爷陪孩子看电视。

21. "没有人打听这件事"和"没有打听这件事"在结构、用法上有何不同?

（1）没有人打听这件事。

（2）没有打听这件事。

例（1）、例（2）都是非主谓句，但属于不同的句式，例（1）是兼语句，例（2）是动词性非主谓句。

21.1 "没有"词性不同

"没有"既可以做动词，也可以做副词。做动词时可以带名词性宾语，它的肯定形式是"有"；做副词时，主要功能是对谓语进行否定，没有对应肯定形式的词形，只能通过在动词后加"了"表示动作完成。可以通过肯定形式与否定形式的转换检验它的词性。例如：

（1a）有人打听这件事。

（1b）＊人打听了这件事。

（2a）＊有打听这件事。

（2b）打听了这件事。

例（1）可以转换为例（1a），句子依然成立，两句意思相反，但是例（1）与例（1b）没有转换关系。这说明例（1a）的"有"是动词，例（1）中的"没有"也是动词，表示对"领有、具有"等的否定。例（2）可以转换为例（2b），表示"打听"这个动作已经完成，转换后的句子意思与例（2）相反，但例（2）不能转换为例（2a），因为其中的"有"不是副词，不能直接修饰谓语动词。

21.2 结构差异

21.2.1 主语构成不同

例（1）和例（2）都是没有主语的非主谓句，如果给它们补上主语，结果不同。例如：

（1c）我们班没有人打听这件事。

（1d）教室里没有人打听这件事。

（1e）我们没有人打听这件事。

（1f）*我没有人打听这件事。

（2c）我们班没有打听这件事。

（2d）*教室里没有打听这件事。

（2e）我们没有打听这件事。

（2f）我没有打听这件事。

例（1c）和例（2c）在加上"我们班"这个兼具主体性和空间性的主语后都能成立，但是意思不同。例（1c）是否定"我们班"这个组织中有任何一个成员"打听这件事"；例（2c）则是指"我们班"这个组织"没有打听这件事"。两句的肯定形式不同。例如：

（1g）我们班有人打听这件事。

（2g）我们班打听了这件事。

例（1g）中打听的主语是"人"，例（2g）中打听的主语是"我们班"。

例（1d）、例（2d）与例（1c）、例（2c）不同，"教室里"只表示处所，不具有主体性，因此也不能发出"打听"这个动作，所以在例（2d）中不能充当主语。例（1d）中"教室里"只是"人"存在的空间，并不是"打听"这个动作的发出者，"打听"的发出者是"人"，所以例（1d）是合法的句子。通过肯定形式可以看得更清楚。例如：

（1h）教室里有人打听这件事。

（2h）*教室里打听了这件事。

例（1e）中的"我们"和"人"是整体和部分的包含关系，不是领属关系。例（1e）中的"没有"否定"我们"中的任何一个人"打听这件事"，其语义关系与例（1c）相同；例（2e）中的"我们"是施事主语，与谓语"打听"构成施动关系。它们的肯定形式是：

（1i）*我们有人打听这件事。

（2i）我们打听了这件事。

例（2f）成句没有问题，理由同例（2e）。例（1f）不成立是因为"我"和"人"之间的语义关系不清，它们既不是领属关系、领有关系，也不是包含关系，所以无法通过"我"引出话题对象"人"，如果将"人"改成与"我"有领有关系的相关对象，句子就成立了。例如：

（1j）我没有学生打听这件事。

21.2.2 语序变换不同

例（1）和例（2）都可以通过提前宾语将句子转换成由受事充当主语的主谓句。例如：

（1k）这件事没有人打听。

（2j）这件事没有打听。

变换语序后，例（1k）为兼语谓语句，"这件事"是主语，"没有人打听"为兼语词组做谓语，例（2j）为由受事充当主语的动词谓语句。

另外，例（1）可以将"打听这件事"提前，充当"人"的定语，但是例（2）不行。

（1l）没有打听这件事的人。

21.3 焦点与预设不同

有无类兼语句具有引入话题的功能，例（1）中的"人"是引介的对象，"没有"是对引介对象的否定。这里强调的是"没有人"进行后续的行动，实际上也是对"打听这件事"的否定。否定副词"没有"不具有引介话题的功能，只是对谓语动词进行否定。例（2）的语义焦点是"打听"，"没有"是强调动作没有发生，但并不否认"这件事"的存在。

例（1）、例（2）在上下文中的预设也不同。例如：

（3）*我很忙，所以没有人打听这件事。

（4）大家都不关心这项新政策，所以没有人打听这件事。

（5）我很忙，所以没有打听这件事。

（6）大家都不关心这项新政策，所以没有打听这件事。

例（3）不成立，因为在表包含义的"N_1 有 N_2"句中，要求 N_1 的数量大于 N_2 的数量，虽然例（3）中的人是无定的，但对 N_1 的预设依然是复数，不是单数，而"我"和"人"没有包含关系，不符合预设条件。例（4）中，"大家"与"人"存在包含关系，所以可以说。例（5）和例（6）的预设是"人"，对数量多少没有限制，所以两个句子都成立。

21.4 教学建议

"没有"的词性判断是二语学习者的难点之一，"没有"既可以做动词，也可以做副词，应该如何准确区分呢？

简单的方法是看"没有"后面所带成分的性质：如果带的是名词性成分，"没有"就是动词；如果后面带了动词性成分，它就是副词。例如：

（7）世界上没有两个人是完全一样的。

（8）我没有走过这条路。

例（7）中"没有"后的"两个人"是名词性的，所以"没有"是动词，"两个人是完全一样的"是主谓结构，所以例（7）是兼语句；例（8）中"没有"后面直接接动词"走"，所以"没有"是副词，例（8）是一般的动词谓语句。

22. "叫他走了"和"叫他骗了"在结构、用法上有何不同？

（1）叫他走了

（2）叫他骗了

例（1）和例（2）两个词组从表层形式上看十分相似，都可以码化为"（N_1＋）叫＋N_2＋V"。同时，两个词组中的"叫"字均可用"让"字替换，替换后除语用方面略有差异外，语义与原句保持不变。例如：

（1a）让他走了

（2a）让他骗了

但是从内部结构看，两者并不一样，例（1）是兼语词组，例（2）是状中词组。

22.1 "叫"的词性分析

例（1）、例（2）中，"叫"的语义和用法有明显区别。例（1）是"叫"字兼语词组，表使令义。表使令义的"叫"字兼语词组主要可以表达两种语义——命令和允让。因此，例（1）是一个歧义词组，在不同语境中的意义不同。例如：

（3）你叫他走，我不想见他。（命令）

（4）她不愿意留下来，我只好叫她走了。（允让）

表命令义的"叫"与表允让义的"叫"在否定形式上有所不同，后者可以用"不"否定，前者不行。例如：

（5）*你不叫他走，我要见他。

（6）你不叫他走，我也没意见。

在使令类兼语词组中，"叫"还可用"要求""允许"等词替换。虽然语气、语用上略有差异，但语义基本相同。例（2）并非兼语词组，不能表使令义，所以其中的"叫"不能被"要求"或"允许"替换。例如：

（1b）要求 / 允许他走了

（2b）*要求 / 允许他骗了

例（2）中的"叫"是介词，表被动义，这里的"叫"可以用"被""给"替换，而例（1）中的"叫"不能用"被""给"替换。例如：

（1c）*被 / 给他走了

（2c）被 / 给他骗了

另外，从语态层面来讲，例（1）是主动语态，因此谓语"叫"之前可以用"必须""不"等有主观意味的副词做状语进行修饰，而例（2）表被动语态，所以不能用此类状语修饰。例如：

（1d）必须 / 不叫他走

（2d）＊必须／不叫他骗

22.2 结构分析

22.2.1 层次结构不同

例（1）由动宾词组 V_1+N_2 和主谓词组 N_2+V_2 套叠组成，其中 N_2 既担任前一部分的宾语，又担任后一部分的主语，因此例（1）是兼语词组。例（2）则是状中词组，介宾词组做状语修饰谓语动词。

例（1）中存在两个动词，兼语"他"同时做动词"叫"的宾语和动词"走"的主语，"叫他"为动宾词组，与"他走了"这一主谓词组套叠。而例（2）中"叫他"则为介宾词组，修饰谓语动词"骗"，充当状语。

22.2.2 语义结构不同

例（1）是兼语词组，表使令义。其内部语义结构可以拆分为：（使令者＋）叫＋使令对象＋使令内容。而例（2）是状中词组，表被动义，内部语义结构可以拆分为：（受事＋）叫＋施事＋动作。将这两个词组补充为完整句子，则语义结构如下：

（7）　我　　叫　　他　　　走了。

　　　使令者＋叫＋使令对象＋使令内容

（8）　我　　叫　　他　　骗了。

　　　受事＋叫＋施事＋动作

例（7）表达的语义为：使令者"我"对使令对象"他"发出"走"的命令，其中"叫"为使令动词，"了"则表明句子的完成时态。例（8）表达的语义为：受事"我"被施事"他"的动作"骗"影响，"叫"在其中担任被动标记，"了"也表明完成时态。

22.2.3 句式转换不同

兼语句和被动句很多时候都可以与"把"字句相互转换，但使令类兼语句通常不具有处置义，不能转换为"把"字句。例如：

（7a）＊我把他走了。

例（7）只表达使令义，不能表达处置义，因此例（7a）不符合汉语语法表达，是偏误句。而被动句通常都能和"把"字句相互转换。例如：

（8a）他把我骗了。

此外，使令类"叫"字兼语句通常可以转换为主谓词组做主语的句子，而"叫"字被动句则不能。例如：

（7b）他走了是我叫的。

（8b）*他骗了是我叫的。

22.3 语义限制

两个词组中"叫"的语义和用法主要取决于 N_1 和 V 的语义，因此应当对不同词组中 N_1 和 V 的语义限制加以辨析。

22.3.1 N_1 的语义限制

例（1）这类使令类兼语词组中，N_1 是使令者，一般为表人的体词性成分，如例（7）中的"我"。少部分情况下，使令类兼语句的 N_1 也可以由某些能发出指令的部门或是组织充当。例如：

（9）检查部门叫这些商户尽快整改。（N_1 为部门）

（10）我们队叫我来抽签。（N_1 为组织）

而例（2）这种表被动的"叫"字词组中，N_1 和 V 存在被动关系，根据 V 的不同，N_1 既可由人充当，也可由物充当。例如：

（11）你叫他骗了。（N_1 为人）

（12）那个杯子叫他打碎了。（N_1 为物）

22.3.2 V 的语义限制

"叫"字兼语词组中存在两个动词，除了前动词"叫"之外，另一个动词则根据表达语义不同，有不同的条件限制。如例（1）这样的使令类"叫"字兼语词组的后动词需要表达某种许可或命令，但其结果是否完成不受后动词语义控制。例（1）中"他"得到一个命令，命令内容是"走"，而"他"是否完成了这个任务，并没有在词组中体现。

相反，"叫"字状中词组中只有一个动词，跟在 N_2 之后，表达 N_2 对 N_1 做的施事动作。现代汉语中被动句常常表达负面消极语义，因此其中的动词语义通常也是负面消极的，如例（2）中的动词"骗"。

（13）弟弟叫人打了一顿。

（14）盘子叫我摔碎了。

22.3.3 N_2 的语义限制

虽然 N_1 和 V 是决定"叫"字词组语义和用法的主要因素，但不同词组中 N_2 的意义和用法也会对"叫"产生一些限制。例（1）中的"他"作为使令类兼语词组中的兼语成分，具有双重身份，它既担任"叫"的受事宾语，又是"走"的施事主语，既是使令的接受者也是使令的完成者，因此 N_2 必须具有〔+生命〕的语义特征。例如：

（15）老板叫员工们加班。

（16）妈妈不叫小狗在床上睡觉。

而例（2）是"叫"字状中词组表被动，其中的"他"是后续动作"骗"的施事，具有主动性，因此大多数情况下为有生命的。例如：

（17）小明叫老师批评了一顿。

（18）牛奶叫小猫喝光了。

在少数符合自然规律的情况下，"叫"字状中词组中的 N_2 可以由不具有主动性的无生命物体充当。例如：

（19）他的脚叫石头砸了一下。

（20）整个村子都叫洪水淹没了。

22.4 教学建议

22.4.1 教学顺序安排

"叫"字词组可表达多种语义，在教学过程中应当注重"叫"的不同语义，在教学安排上应避免不同语义的"叫"字词组的共现，导致学生产生意义混淆。根据赵淑华、刘社会、胡翔（1995），兼语句在现代汉语精读教材中的使用频率远高于被动句，且被动句在语法结构方面涉及补语，比兼语句更加复杂，因此在二语教学过程中应当优先安排"叫"字兼语句的教学。

两种"叫"字词组中的"叫"均可用"让"替换，并且"让"比"叫"的语用限制少，更为典型常用。在教学过程中，应当优先安排"让"字词组的教学，等到学生掌握"让"字词组之后，利用"让"字词组做对比，进行"叫"字词组教学。并且教师也应当向学生说明，"叫"和"让"的语用区别在于"叫"比"让"更加口语化。在教学过程中，应当注意避免不同语义词组例子的混用。

22.4.2 教学焦点

两种"叫"字词组的区别主要在于 N_1 和 V，因此在教学过程中为了帮助学生将两种"叫"字词组区分开，应当将教学重点放在 N_1 和 V 的部分。教师应当着重强调"叫"字状中词组和"叫"字兼语词组的几个区别：

1. "叫"字状中词组中的 N_1 和 V 之间有句法关系，但"叫"字兼语词组没有。

2. "叫"字状中词组中的 N_1 可以由物充当，但"叫"字兼语词组不行。

3. "叫"字状中词组的 V 为施事动作，而"叫"字兼语词组的 V 为指令或许可。

在教学过程中，教师需要根据情况，尽可能选择不同语义"叫"字词组使用的典型语境，帮助学生理解不同语义"叫"字词组的语义、语用及区别。

23. "叫他教书先生"和"叫他教书" 中"叫"的 意义、用法有何不同？

（1）叫他教书先生

（2）叫他教书

以上两个词组虽然仅相差两个字，但其语义和结构并不相同。例（1）为双宾语词组，例（2）为兼语词组。例（1）和例（2）可以分别码化为：

（1a）(N_1+) 叫 $+N_2+N_3$

（2a）(N_1+) 叫 $+N_2+V_2$

23.1 语义分析

23.1.1 "叫"的语义不同

两个词组均包含"叫"这一动词，但在不同词组中，两个动词"叫"的语义存在差别。例（1）为称呼类双宾语词组，其中的"叫"有称呼的含义，即"教书先生"一词是对"他"的称呼。因此，"叫"可以用"称、称呼"等词替换，虽然语用方面略有差别，但语义基本一致，而例（2）中的"叫"则无此类语义。例如：

（1b）称 / 称呼他教书先生

（2b）* 称 / 称呼他教书

例（2）为使令类兼语词组，"叫"为表使令义的兼语动词，即命令"他"完成"教书"这一指令。因此此处的"叫"可以被其他表使令义的兼语动词"让、命令"等替换，并保持语义不变。而例（1）作为双宾语词组则不能表达此类含义，其中的"叫"也不能被"让、命令"等词替换。例如：

（1c）* 让 / 命令他教书先生

（2c）让 / 命令他教书

23.1.2 其余部分语义不同

两个词组结构均可以简化为"叫＋某人＋……"。对于例（1）这样的称呼类双宾语词组，表达对"某人"的称呼，因此"某人"之后所接部分是其名字、称号、职位等，应当为"教书先生"这样的称呼类体词性成分。例如：

（3）你可以叫我王明。（后接名字）

（4）同学们都叫他"智多星"。（后接称号）

（5）你们别叫我总队长。（后接职位）

而例（2）这类使令类兼语词组表达对"某人"下达某种指令，因此"某人"之后所接的多为"教书"之类的某种行为动作，为动词性成分。例如：

（6）老师叫他擦黑板。

（7）妈妈叫我写作业。

这一区别也导致对两个词组的提问方式存在差异。对于例（1）类的双宾语词组，提问焦点为"什么"；而对于例（2）类的兼语词组，提问焦点则为"做什么"。

（1d）叫他什么？——叫他教书先生。

（2d）* 叫他什么？——叫他教书。

（1e）* 叫他做什么？——叫他教书先生。

（2e）叫他做什么？——叫他教书。

例（1e）和例（2d）不成立。

23.1.3 否定方式不同

双宾语词组中只有一个动词，因此，在否定双宾语词组时，只可以对唯一的动词"叫"加以否定。例如：

（1f）别 / 没 / 不叫他教书先生

"叫"字使类令兼语词组中有两个动词，所以除了可以对兼语动词"叫"进行否定之外，也可以对另一个动词进行否定。例如：

（2f）别 / 没 / 不叫他教书

（2g）①叫他别教书　②* 叫他没教书　③叫他不教书

值得注意的是，使令类兼语词组具有较强的主观性，因此当使用否定副词对后一个动词进行否定时，只能选择"别"和"不"，而不能用"没"作为否定词，因此例（2g）的②不成立。

23.2 结构分析

23.2.1 层次结构不同

例（1）是双宾语词组，其内部结构可以拆分为"叫＋直接宾语＋间接宾语"；例（2）则为兼语词组，其内部结构可以拆分为"（N_1＋）叫＋N_2＋V_2"。

例（1）中"叫"为谓语动词，"他"为直接宾语，"教书先生"为间接宾语，组成双宾语结构。例（2）中"叫他"为动宾结构，但"他"做"教书"的主语，形成动宾结构与主谓结构套叠，"他"作为兼语，同时担任"叫"的宾语和"教书"的主语。

23.2.2 句法结构不同

"叫"字双宾语词组中，"叫"作为谓语，和后接的两个成分都有句法关系，如例（1）中"叫"作为谓语，同时与"他"和"教书先生"产生句法关系，形成动宾结构。而如例（2）的"叫"字兼语词组中，"叫"和"教书"之间并不相关，"叫"仅作为后接名词的谓语，与第二个动词不产生句法关系。因此在判断"叫"字词组的类型时，可以用"叫"与其他部分的句法关系作为判断标准。例如：

（8）爸爸叫我小棉袄。

（9）爸爸叫我扫地。

例（8）中"叫"同时和"我""小棉袄"形成动宾关系，因此例（8）为"叫"字双宾语句。而例（9）中"叫"只做"我"的谓语，和"扫地"之间没有句法关系，因此例（9）为"叫"字兼语句。

但"叫"字双宾语结构和"叫"字兼语结构并非完全无关。因为"叫"字兼语结构包含三种，除了例（2）这样的使令类兼语结构之外，还有致使类兼语结构和称呼类兼语结构，其中"叫"字称呼类兼语结构的形式通常表现为"叫 + N_1 + 为 + N_2"的形式，与"叫"字双宾语结构的区别就是第一个名词之后多加了一个动词。例如：

（1g）叫他教书先生（双宾语词组）——叫他为教书先生（兼语词组）

教师在进行"叫"字称呼类兼语词组和"叫"字双宾语词组的教学时，应当注意二者的区分。

23.2.3 句式转换能力不同

双宾语词组有个特点：间接宾语可以前置，并保持句意不变。这是因为双宾语词组中的直接宾语和间接宾语之间不存在句法关系，因此两者可以拆分。如例（1）中"他"和"教书先生"表达同一内容，但之间并没有句法关系。而例（2）中的"他"和"教书"则具备主谓关系，不能直接拆分。因此，兼语词组不可以将 N_2 后的部分提前。我们首先将例（1）、例（2）两个词组补充成完整的句子，再对其进行句式转换。例如：

（10）我叫他教书先生。

（11）我叫他教书。

（10a）教书先生我叫他。

（11a）*教书我叫他。

例（11a）不符合语法规则和日常语言习惯，为偏误句。因此，是否可以进行这样的句式转换也是区分"叫"字双宾语词组和"叫"字兼语词组的要点之一。

23.3 教学建议

23.3.1 教学焦点

"叫"字双宾语词组和"叫"字兼语词组之间的主要区别在于名词后所接成分不同，因此教师在对这两种词组进行教学的时候，应当把教学焦点放在此处。双宾语词组中，名词后接的应当为名词，是间接宾语。教师应当向学生强调间接宾语与谓语动词"叫"之间的句法关系，加深学生对双宾语结构的理解。

而在"叫"字兼语词组的教学中，应当着重强调"叫 $+N_2+V_2$"的结构特点，将词组中第二个动词与双宾语词组中的间接宾语区别开来。并且应当让学生了解动宾结构"叫 $+N_2$"和主谓结构 N_2+V_2 之间的套叠关系，强调 N_2 身兼两种句法成分的特点。

23.3.2 语用功能

两个词组的语用功能存在差异，因此教师在教学过程中应当注重选择典型的语境。称呼义"叫"字双宾语词组的语用功能主要是介绍人物，尤其强调主语和直接宾语的关系及对其的称呼。而且通常情况下，间接宾语为一个称呼、职位或名字。

"叫"字兼语词组则主要表达命令义和允让义，通常用于表达某种许可或指令，并且相较于其他使令类兼语词组，"叫"字兼语词组更加口语化，多用于口语语境之中，且主要用于上位者对下位者下达许可和命令，语气通常较为强硬。

面对不同类型的词组，教师应当选择合适的典型语境为学生设计课文内容和例句，让学生体会其语用功能。

24. "请求留下来"和"请求他留下来"在结构、语义上有何不同？

（1）请求留下来

（2）请求他留下来

例（1）、例（2）都包含动词"请求"和"留"，"留"后都带补语"下来"。两例的码化形式很接近，分别为 $V_1 + V_2$ 和 $V_1 + N_2 + V_2$，但它们的结构和语义并不相同。例（1）是动宾词组，例（2）是兼语词组。

24.1 结构分析

24.1.1 停顿位置不同

例（1）可以在"请求"和"留下来"之间停顿，"请求，留下来"，但是例（2）不能说成"请求，他留下来"，例（2）的停顿位置只能在 N_2 后面，"请求他，留下来"。这是兼语词组的语法特点，因为兼语词组受到语义转换的影响，兼语动词 V_1 与兼语 N_2 之间是不能停顿的。

24.1.2 插入状语的位置不同

在一般主谓词组中，时间状语可以出现在主语前，也可以出现在谓语动词前。动宾词组的谓语动词与谓词性宾语之间可以插入表限定意义的时间状语。例如：

（1a）请求明天留下来

（1b）请求下班后留下来

但由于兼语词组中兼语动词 V_1 与兼语 N_2 的结合紧密，中间几乎不能插入任何其他成分，因此，当兼语词组的后一个表述 $N_2 + V_2$ 需要带时间状语时，时间状语只能放在 V_2 前，不能放在 N_2 前。例如：

（2a）请求他明天留下来

（2b）＊请求明天他留下来

24.1.3 提问的方式不同

针对动宾词组中的宾语部分进行提问时，一般只能用"什么"提问，而不能用"做什么"提问。例如：

（1c）请求什么？

（1d）＊请求做什么？

以下同类的句子都应该用"什么"来提问。例如：

（3）王同学请求参加比赛。

（3a）王同学请求什么？

（4）受伤者要求给予帮助。

（4a）受伤者要求什么？

（5）她乞求原谅。

（5a）她乞求什么？

针对兼语词组的提问方式有两种：一是针对兼语 N_2 用"谁"来提问；二是针对 V_2 用"做什么"来提问，但是不能用"什么"对 $N_2 + V_2$ 进行提问。例如：

（2c）请求谁留下来？

（2d）请求他做什么？

（2e）＊请求什么？

24.2 语义不同

24.2.1 V_1 的语义侧重点不同

例（1）和例（2）中的 V_1 "请求"是由"请"和"求"两个语素构成的并列合成词。"请"的对象是他人，而非自己，"求"的对象既可以是他人，也可以是事物。"请求"的词汇意义是"要求、希望从他人那里得到某种满足"。"请求"的语义重心会随着语境的变化发生转移：当语义重心落在"请人"或"求物"上时，"请求"是一般谓语动词；当"请求"的语义重心同时落在"请人"和"求物"上时，"请求"则作为兼语动词使用。例（1）的语义侧重点在"求"而非"请"，它所希望获得的是某种行为上的满足，"留下来"是"请求"的内容，至于"请求"的对象是谁，则不是表达的重点。例（2）的语义重心有两个，一是请人，二是获得满足，所以是兼语词组。以下例子可以补充说明"请求"在不同语境下语义重心转移的情况：

（6）你该请求他，不是请求我。（动宾词组，V_1 是一般动词，宾语表人）

（7）他请求原谅。（动宾词组，V_1 是一般动词，宾语表动作行为）

（8）他请求我帮助他。（兼语词组，V_1 是兼语动词，兼语 N_2 表人，V_2 是动作行为）

24.2.2 构式意义不同

例（1）是要求类动宾词组，其构式语块链可概括为：（要求者＋）要求方式＋要求对象或要求内容。其中，"要求对象"和"要求内容"可以分别出现，但不能同现，一旦同现，动宾构式的语块链将被破坏。

例（2）是要求类兼语词组，其构式语块链可概括为：（要求者＋）要求方式＋要求对象＋要求内容。其中，"要求对象"和"要求内容"必须同时出现，"要求者"和"要求对象"不能为同一主体。下面两例均不是兼语词组。

（9）他请求提前回国。（动宾词组）

（10）＊他请求他提前回国。

24.3 教学建议

24.3.1 教学安排

"请求"是要求类兼语词组中的常用动词，同类的其他动词还有"请、要、要求、邀请"等。要求类动宾词组和要求类兼语词组的难易度和使用频率不完全相同。二语学习者在学习过程中通常会交替使用这两类词组。从教学的角度看：动宾词组较为简单，容易学会，但使用范围有限，使用频率不高；要求类兼语词组的结构比动宾词组复杂，学习起来相对难一些，但使用频率更高，适用范围更广，实用性更强。两类词组在教学顺序上孰先孰后，不能一概而论，需要根据教材的实际情况灵活安排。"请"和"要"是使用频率最高的要求类动词，在教材中"请"大多作为兼语动词使用，很少用为普通动词，可作为教导要求类兼语词组的首选，但不适合用来教导要求类动宾词组；"要"作为普通动词和兼语动词的实例都很多，是教导要求类动宾词组和要求类兼语词组的典型动词。例如：

（11）老师<u>请李芳回答问题</u>。（兼语词组）

（12）弟弟<u>要买礼物</u>。（动宾词组）

（13）妈妈<u>要我早点儿回家</u>。（兼语词组）

24.3.2 教学提示

要求类动宾词组和要求类兼语词组的不同主要表现在句法层面和语义层面，句法层面的不同是表层的、显性的，可以通过结构分析、提问方式等帮助学生理解掌握。真正的难点在语义层面，因为要求类动词的语义重心各不相同，学生难以区分，容易误用。教师应进行更有针对性的分析、解释。如"请、邀请"的语义重心在于引出表人的主体，常用于兼语词组；"要、要求、请求"的语义重心有时倾向于获得某种满足，有时倾向于引出对象的行为，所以既可以用于动宾词组，也可以用于兼语词组。需要注意的是，并不是所有的动宾词组都可以转换为兼语词组。例如：

（14）学生要求再学习一小时。

（14a）＊学生要求老师再学习一小时。

（15）学生要求再教一遍。

（15a）学生要求老师再教一遍。

例（14）"要求"和"学习"本是同一个主体发出的，不能转换成兼语词组，强行转换后意义发生变化。例（15）"要求"和"讲解"不是同一主体发出的，可以转换成兼语词组。

25. "我们选他当队长"和"我们选他是对的" 在结构、用法上有何不同？

（1）我们选他当队长

（2）我们选他是对的

例（1）、例（2）两个词组在表层结构上有相似之处，都可以码化为

$N_1+V_1+N_2+V_2$ 形式，且都包含"我们选他"这个词组。但是它们在内部结构和语义特征方面存在着差异，例（1）是选举类兼语词组，例（2）是主谓词组。

25.1 结构分析

25.1.1 层次结构不同

例（1）为兼语词组，由两个主谓结构套叠形成，其中 N_2 同时担任两个句法成分，是兼语。而例（2）则为主谓词组，其中主语由另外一个主谓词组充当。

在例（1）中，"我们选他"为第一个主谓结构，"他当队长"为第二个主谓结构，其中"他"做"选"的宾语，但同时"他"也充当"当队长"的主语，"他"为兼语。例（2）中，主谓结构"我们选他"作为整个结构的主语。

可以通过拆分关系看出两者的差异，例（1）可以被拆分为两个独立的部分，而例（2）这种主谓词组做主语结构则不能直接拆分。例如：

（1a）我们选他 / 他当队长

（2a）*我们选他 / 他是对的

例（1）拆分后依然成立，符合兼语句的结构关系，例（2）不成立。不仅如此，例（2）也不能按照连谓句的方式拆分。例如：

（2b）*我们选他 / 我们是对的

例（2b）与例（2）的语义不符。原句中判断的内容是"我们选他"这件事，并不是"我们"，所以"我们选他是对的"也不是连谓词组。

例（1）和例（2）的不同还表现在针对主语的提问方式上存在差异。例如：

（1b）谁选他当队长？　　*什么当队长？

（2c）*谁选他是对的？　　什么是对的？

25.1.2 内部时空关系不同

兼语词组内部包含两个表述，两个动词之间存在递系关系，因此必须遵循时间顺序原则。例（1）中，"我们选他"之后，"他"才能"当队长"。而例（2）是主谓词组做主语结构，内部只包含一个表述，只有一个谓语"是"，"我们选他"在句中充当主语，与"是对的"之间没有递系关系，也不存在时间上的先后关系。

25.1.3 构式意义不同

选举类兼语句属于使令类兼语句，其语义结构可以拆分为：认定者＋认定方式＋认定对象＋认定内容。而例（2）属于判断句，不符合此构式结构，其 V_2"是对的"并不是认定内容，而是判断的结果，其语义结构可以概括为：判断内容＋判断方式＋判断结果。与例（2）相似的句子还有：

（3）我们选他是有原因的。

（4）他选红色是必然的。

25.2 教学建议

选举类兼语句的语用功能多为表述选举结果，因此使用选举类兼语句的典型情境多是"选举行为结束后，产生选举结果"，其中"选举者"多为"拥有某种权利、地位的个人或集体"，选举结果多为"担任××职位／完成××任务"。例如：

（5）老师选安娜当课代表。

（6）大家推举他参加这次比赛。

选举类兼语句与要求类兼语句用法相似，可以利用"请、邀请"等兼语动词辅助教学。当然，这两类兼语句还是有细微差别的，选举类兼语句的 V_2 一般强调的是选举的结果，如担任某种职务等，而要求类兼语句更强调动作的过程，如例（6）"大家推举他参加这次比赛"，强调"他"是作为我们的代表参加比赛的，而改为"大家邀请他参加这次比赛"，则只表示"他"参与了比赛这项活动。

由于选举类兼语句的功能单一，教师应该创设典型的语境，通过引导性提问，帮助学生理解这类兼语句的用法。

26. "陪着他从楼上走下来"和"看着他从楼上走下来"在结构、用法上有何不同？

（1）陪着他从楼上走下来

（2）看着他从楼上走下来

例（1）、例（2）两个词组中都存在一套动宾结构和一套主谓结构，结构码化形式均为（N_1+）V_1+N_2+V_2，但二者的结构和语义却并不相同，例（1）是兼语词组，例（2）是动宾词组。

26.1 动词 V_1 分析

"陪"和"看"均为及物动词，可以接宾语。"陪"具有陪伴义，属于使令动词；而"看"则为感官动词，表达"看"这一动作。"陪"仅能表示"陪伴某人"，但"看"既可以表示"看着某人"，也可以表示"看着某事/物"。例（1）中，"陪"后接宾语"他"，为人物；而例（2）中，"看"后接宾语"他从楼上走下来"这件事。

26.2 结构分析

26.2.1 层次结构不同

例（1）为兼语词组，其内部结构可以分析为一个动宾结构 V_1+N_2 和一个主谓结构 N_2+V_2 的套叠。而例（2）为动宾词组，其中后面的主谓结构 N_2+V_2 作为一个整体做 V_1 的宾语。

例（1）中"陪着"的宾语是"他"，而"他"又作为"从楼上走下来"的主语，一词身兼两种句法成分，为兼语。而例（2）中"看着"的宾语为"他从楼上走下来"这一整体，属于主谓词组做宾语的结构。

因层次结构不同，针对例（1）和例（2）的提问方式也有所不同。

针对例（1）提问：

（3）A 陪着谁？

　　B* 陪着做什么？

　　C 陪着谁做什么？

针对例（2）提问：

（4）A* 看着谁？

　　B 看着做什么？

　　C 看着谁做什么？

26.2.2 句法结构不同

主谓词组做宾语的结构中，因为主谓词组作为一个整体承担宾语的句法成分，因此通常可以将 $N_2 + V_2$ 提前至句首，并且保持语义不变。而兼语词组中的 V_1 和 N_2 存在句法关系，如果将 $N_2 + V_2$ 提前的话，就会将第一个动宾词组割裂。例如：

（1a）* 他从楼上走下来我陪着。

（2a）他从楼上走下来我看着。

例（2a）仍旧表示"我看着他从楼上走下来"这件事发生；而例（1a）则无法体现"我陪着他"这一语义，为偏误句。

也正是因为两个词组句法情况不同，它们在阅读过程中的语音停顿也不同。主谓词组做宾语的动宾词组，在 V_1 之后可以停顿；而兼语词组中 V_1 和 N_2 为一个整体，中间不能有语音停顿。如果兼语句一定需要语音停顿，则应当位于 N_2 之后。例如：

（1b）陪着他 || 从楼上走下来

（2b）看着 || 他从楼上走下来

如例（2）这类的动宾词组，在其停顿处通常可以添加"的是"，将 V_1 部分变为主谓结构，强调其语义指向后面的整个部分。而兼语词组 V_1 之后则不能添加"的是"进行结构转换。例如：

（1c）* 我陪着的是他从楼上走下来。

（2c）我看着的是他从楼上走下来。

例（1c）语法上存在明显偏误，只有将 V_2 "从楼上走下来"删去，改为"我陪着的是他"句子才能成立。

26.3 语义限制不同

两个词组的主要区别点在于 V_1，语义焦点也在于 V_1，N_1、N_2 和 V_2 均受 V_1 语义影响。

26.3.1 大主语 N_1 的语义限制

两个词组中虽然没有出现 N_1，但将其补全为完整的句子时，必然需要补充

N_1，而 N_1 的语义限制主要取决于 V_1。例（1）中的 V_1 为"陪"，例（2）中的 V_1 为"看"，两者都是具有生命的主语发出的动作。因此，帮带类兼语句和感官类主谓词组做宾语句的大主语 N_1 均有［+生命］的语义限制。例如：

（1d）同学们陪着他从楼上走下来。（N_1 有生命）

（1e）* 书陪着他从楼上走下来。（N_1 无生命）

（2d）同学们看着他从楼上走下来。（N_1 有生命）

（2e）* 书看着他从楼上走下来。（N_1 无生命）

26.3.2 小主语 N_2 的语义限制

这两类词组中，N_2 的语义均受 V_1 语义的限制。因此，V_1 语义不同导致其后宾语限制不同。"陪"因具有陪伴义，所以后面只能接［+生命］的宾语。而例（2）中的 V_1"看"独立性较强，因此 N_2 可以是有生命的，也可以是无生命的，标记为［+/-生命］。例如

（5）他陪着小猫去医院。（"小猫"［+生命］）

（6）他看着小猫去医院。（"小猫"［+生命］）

（7）* 他陪着铁块。（"铁块"［-生命］）

（8）他看着铁块。（"铁块"［-生命］）

例（7）虽然从语法上讲得通，但在语义上不合理，为偏误句。

26.3.3 V_2 的语义限制

例（1）中的 V_2 必须是 N_2 的动作行为，例（2）的 V_2 既可以是 N_2 的动作行为，也可以表示 N_2 的某种状态的变化。例如：

（9）我陪他做作业。

（10）我陪他去钓鱼。

（11）我看着他表演。

（12）我看着他一点儿点儿长高。

26.4 教学建议

26.4.1 教学设计的焦点

例（1）中，"陪着＋N_2＋V_2"为表陪伴义的帮带类兼语词组，其中 N_2"他"

为兼语，同时在"陪着他"和"他从楼上走下来"两个结构中承担句法成分，因此兼语 N_2 是教学设计的焦点。而例（2）中，"看着 $+N_2+V_2$"为表感官感受的动宾词组，其中 N_2+V_2 "他从楼上走下来"作为一个整体做 V_1 "看着"的宾语，也是该动宾词组的语义焦点。因此在教学过程中，应当针对不同的语义焦点进行强化练习，教师在教学过程中还应当注意学生的语音停顿是否正确，兼语词组仅可在小主语 N_2 之后有语音停顿，而动宾词组可以在 V_1 之后进行语音停顿。

26.4.2 教学方法

在兼语词组和动宾词组两种结构中，动宾词组结构较为简单，学生学习感官动词也较早，因此动宾词组应当作为兼语词组学习的先备知识。教师在进行帮带类兼语句教学时，可以与感官类动宾词组做对比教学。教师应当尤其注意引导学生寻找不同动作的对象，"陪"这一动作的对象是人，而"看"这一动作的对象可以是人，也可以是事或物。教师可以设计一些例句，通过提问的方式引导学生进行判断，加强学生对于帮带类兼语动词和感官动词的理解。例如：

（13）班长陪他去医务室。

（14）班长看同学们比赛。

提问方式：

（13a）班长陪着谁？　　班长陪着谁做什么？

（14a）班长看着什么？　　班长看着谁做什么？

27. "他让我不能好好学习"和"他让我好好学习" 在结构、用法上有何不同？

（1）他让我不能好好学习。

（2）他让我好好学习。

根据《现代汉语词典》（第7版）的解释，"让"有十个义项，其中有七个是动词义项，分别是：

① 把方便或好处给别人。如：你应该让着妹妹一点儿。

② 请人接受招待。如：把客人让进屋里。

③ 索取一定的代价，把财物的所有权转移给别人。如：他把那辆旧车让给我了。

④ 指使、致使、容许或听任。如：

　　谁让你来的？

　　这件事让你为难了。

　　让我仔细想想。

　　要是让事态发展下去，后果不堪设想。

⑤ 跟"我们"连用，表示祈使。如：让我们共同努力。

⑥ 亚于，不如（用于否定式）。如：巾帼不让须眉。

⑦ 避开，躲闪。如：请大家让一让，我要过去。

对照本节的例（1）、例（2），其中的"让"属于兼语动词，与义项④的用法接近。

义项④对例（1）中"让"的解释力较强，例（1）中的"他"为致事主语，例（1）是由致事主语引出的"让"字致使类兼语句；义项④对例（2）中"让"的解释力稍弱，将表贬义的"指使"改为中性的"要求"则解释力提高，例（2）是由施事主语引出的"让"字使令类兼语句。《现代汉语词典》（第7版）将兼语动词"让"的致使义与使令义不加区分地置于同一个义项中，很容易让使用者产生误解。那么，应该如何辨析例（1）、例（2）呢？

27.1 区分"让"的致使义与使令义

表致使义的兼语动词"让"我们暂且标记为"让$_1$"，类似的还有"叫、令、使"等；表使令义的兼语动词"让"标记为"让$_2$"，类似的还有"叫、要、逼、要求、命令、允许、指使"等。根据上述特点，我们首先采用替换法，选择意义相近但区别特征明显的其他兼语动词替换例（1）、例（2）中的"让"。例如：

（1a）他使我不能好好学习。

（2a）他要我好好学习。

结果显示，例（1）是表致使义的兼语句，"让$_1$"有导致、致使的意思；例（2）是表使令义的兼语句，"让$_2$"有要求、激励的意思。

27.2 致使类兼语句与使令类兼语句的不同

27.2.1 N_1 的属性不同

致使类兼语句的构式意义是表达某些事物或行为对主体的影响，使其发生性质、状态的变化或产生某种结果，它通常要求 N_1 是表事物的名词或名词性词组。例（1）中的"他"虽然是表人的代词，但在该构式里实际指的是"他的行为"。

使令类兼语句的构式意义是指主体通过指令性行为，促使对象 N_1 做出新的动作或行为。N_1 通常是表人的名词、代词或名词性词组，它是发出使令动作"让"的主体，是动作 V_1 的施事。

27.2.2 "让"的否定形式不同

根据表达需要，致使类兼语句和使令类兼语句中的动词 V_1 都存在否定形式，但两者否定的方式不同。

致使类兼语句只能用"没、没有"来否定，而使令类兼语句除了用"没、没有"否定外，还可以用"不"来否定。例如：

（1b）他没／没有让我不能好好学习。

（2b）他没／没有／不让我好好学习。

这表明，使令类兼语句的主观性强，而致使类兼语句更注重客观事实对主体的影响。

27.2.3 $N_2 + V_2$ 的表达功能不同

"让$_1$"的后一个表述是致使的结果，如例（1）中"我不能好好学习"是"他"造成的结果，V_2 常常由形容词性成分充当，用以表达致使动词所造成的某种状态。"让$_2$"的后一个表述是受使令动词"让"影响引发的新的动作行为。"让$_2$"所在的兼语句可以拆分，"让$_1$"所在的兼语句则不能。例如：

（1c）＊他让我、我不能好好学习

（2c）他让我、我好好学习

27.3 教学建议

27.3.1 明确"让"的意义

在"让"字兼语句教学中，掌握"让"的确切意义十分重要。由于"让"既可表达致使义，也可表达使令义，有时会使人难以判断。简单的办法就是用其他典型的、意义更明确的同类动词来替换"让"，例如典型的表致使义的兼语动词有"使、致使"，典型的表使令义的兼语动词有"命令、鼓励"等，需要特别注意的是，不能用兼语动词"叫"来分化，因为"叫"和"让"一样，既包含致使义，也包含使令义，无法清楚地将两类兼语句区分开来。例如：

（1d）他叫我不能好好学习。

（1e）他使我不能好好学习。

（1f）*他鼓励我不能好好学习。

（2d）他叫我好好学习。

（2e）*他使我好好学习。

（2f）他鼓励我好好学习。

27.3.2 利用构式语块分析法解释

构式语块分析法认为，构式是由语块构成的，语块按照顺序排列成语块链。一个构式之所以区别于另一个构式，主要在于两者的构式义、语块链不同。我们可以利用致使类兼语句与使令类兼语句的构式意义、内部语义结构的差异，来解释两类兼语句的不同，教导学生正确地运用两种不同的"让"字兼语句。

27.3.2.1 致使类兼语句的构式义和语义结构

致使类兼语句的构式义是：某原因致使某主体出现某结果。

致使类兼语句的内部语义结构：致使原因—致使关系—致使对象—致使结果。

致使类兼语句的内部语义结构要求 N_1 语块在语义上是表原因的，V_2 语块是表示结果的，N_1 与 V_2 之间必须是因果关系，可以具体表述为：因为 N_1，所以 V_2。即因为"他"，所以"我不能好好学习"。这里的"他"不是施事主语，而是致事主语，指的是"他的言行"。例（2）中的"好好学习"表达的是一种愿望，或者是一种预期的行动，并不表示某种结果，所以不符合致使类兼语句的构式义。如果要让例（2）满足致使类兼语句的构式义，就要修改 V_2，使它能够"产生某种结果"或者"出现某种状态"。例（2g）将 V_2 改成"可以好好学习"，则满足了致使类兼语句的构式义要求。

（2g）他让我可以好好学习。

27.3.2.2 使令类兼语句的构式义和语义结构

使令类兼语句的构式义是：某主体以某种方式使令另一主体做某事。

使令类兼语句的内部语义结构：使令者—使令方式—使令对象—使令内容。

从语义构成看，使令类兼语句要求 V_2 必须是"使令对象"接受指令后的行动，而例（1）中的"不能好好学习"既不是指令的内容，也不是后续行动，而是受外界影响的结果，这与使令类兼语句的构式义要求相悖，所以例（1）不是使令类兼语句。与例（1）不同，例（2）中"好好学习"可以成为指令内容，是"使令者"希望"使令对象"完成的后续行动。如果要使例（1）满足使令类兼语句的构式义，就必须修改 V_2 的否定形式，用"不要"或者"别"将客观上的"不可能"改为主观上的"不允许"，这样例（1g）就成立了。

（1g）他让我不要／别好好学习。

28. "请你做报告"和"请你做检查"中"请"的意思、用法一样吗？

（1）请你做报告

（2）请你做检查

例（1）、例（2）都是由"请"构成的词组，表层结构都是"（N_1＋）请＋N_2＋V_2"，似乎也可以拆分为两个独立的表述，那么它们都是兼语词组吗？意义和用法一样吗？

28.1 意义不同

首先，我们讨论动词"请"的意思。《现代汉语词典》（第 7 版）列举了请的五个义项，其中有三个动词义项比较常用，分别是：①请求；②邀请，聘请；③敬辞，用于希望对方做某事。根据例句进行分析，例（1）中的"请"可以是请求义，也可以是邀请义，是动词。例（2）中的"请"意义虚化，是敬辞，没有实在的词汇意义。再看其他实例：

（3）请他当代表

（3a）请你闭嘴

（4）请你出国讲学

（4a）请你靠近点儿

（5）他请我去他家玩

（5a）请你别动

例（3a）、例（4a）、例（5a）中的"请"可以省略，基本意思不变，例（3）、例（4）、例（5）中的"请"则不能省略，这说明例（2）中的"请"不是邀请义和请求义，而是一种希望别人做或不做某事的敬辞。

28.2 结构限制

28.2.1 句类限制

充当兼语动词的"请"一般用于陈述句、疑问句，作为敬辞的"请"则出现在祈使句中。例如：

（1a）他们请你做报告。

（1b）他们请你做报告吗？

（2a）*他们请你做检查。

（2b）*他们请你做检查吗？

例（2a）的主语通常是不出现的，如果强行补出，要求的语气会大大削弱。这类句子也不能改成一般疑问句。

28.2.2 否定限制

充当兼语动词的"请"可以用"不"和"没"来表示否定，敬辞"请"前不能加否定副词。例如：

（1c）不请你做报告

（1d）没请你做报告

（2c）*不请你做检查

（2d）*没请你做检查

28.2.3 时态限制

充当兼语动词的"请"后可以加动态助词"了、过"等，敬辞"请"则不行。例如：

（1e）请了你做报告

（1f）请过你做报告

（2e）＊请了你做检查

（2f）＊请过你做检查

28.2.4 省略限制

表请求义的兼语词组，"请"和 N_2 一般都不能省略，一旦强行省略，句意会改变；带敬辞"请"的句子，除了一些结合度很高的句子外，多数情况下"请"可以省略，N_2 也可以省略。例如：

（1g）你做报告

（1h）做报告

（2g）你做检查

（2h）做检查

28.2.5 功能限制

表请求义的兼语词组用法比较自由，可以充当主语、谓语、宾语、定语等。例如：

（6）请你做报告是我们的荣幸。（主语）

（7）我们请你做报告。（谓语）

（8）老板同意请你做报告。（宾语）

（9）请你做报告的人是我。（定语）

带敬辞"请"的句子，一般都是独立构成祈使句，有时 N_2 可以提到"请"的前面，构成主谓句。

（10）你请做检查。

例（10）中"请"虽然处在谓语的位置，但并不充当句子成分，还是敬辞，这里的"请"是可以省略的。

28.2.6 位移限制

如果"请"与后面的 N_2 互换位置，表敬辞的例（2）意思不变，表请求义的兼语词组例（1）意思会变。

（1i）你请做报告（请求义变为了敬辞）

（2i）你请做检查（敬辞）

经过位移后，例（2i）的意思与例（2）基本相同，"请"是敬辞。兼语词组例（1）中的"请"与 N_2 不能换位，强行换位后意思会发生变化，"请"变成了敬辞。

28.3 教学建议

如果要将例（1）和例（2）准确区分开来，必须从两方面入手：

28.3.1 准确判断"请"的意义

在教学中首先要教导学生如何准确判断"请"的意义，是表邀请义或请求义的实义动词，还是表祈使义的虚义敬辞。可以通过词语替换的方法加以分辨，如果"请"可以换成"邀请"或"请求"，则是兼语动词，如果换后意思发生变化，则表示不能替换，是敬辞。例如：

（11）请朋友来吃饭

（11a）邀请朋友来吃饭

（12）请你不要过来

（12a）＊邀请你不要过来

28.3.2 利用语法手段区分两类词组

28.3.2.1 "请"是否可以省略

表敬辞的"请"用在祈使句中是可以省略的，但兼语词组中的"请"一般不能省略。例如：

（13）请刘教授上课

（13a）＊刘教授上课

（14）请观众们安静

（14a）观众们安静

28.3.2.2 "请"后面的成分是否可以省略

表敬辞的"请"用在祈使句中，后面的名词性成分是可以省略的，但兼语词组中"请"后面的兼语一般不能省略。例如：

（15）请大家参观展览

（15a）*请参观展览

（16）请你戴上口罩

（16a）请戴上口罩

28.3.2.3 "请"前面是否出现主语

祈使句通常是非主谓句，前面不出现主语，兼语词组前面可以出现主语，构成兼语句。例如：

（17）请同学看电影

（17a）我请同学看电影。

（18）请你下车

（18a）？司机请你下车。

例（17）加上主语后成为例（17a）的使令类兼语句，其中"请"的意义与例（17）相同，表邀请义；例（18）加上主语后意思变了，"请"不再是敬辞，变成了有实在意义的动词，含"命令、让、叫"的意思，所以例（18a）不能看作例（18）的转换变式。

29. "他的谎言让我揭穿了"和"他的谎言让我生气极了"中"让"的意思、用法一样吗？

（1）他的谎言让我揭穿了。

（2）他的谎言让我生气极了。

虽然以上两个句子的句式均可以码化为"N$_1$ + 让 + N$_2$ + V$_2$"的形式，但这两个句子并非同一句式，其中"让"的意义和用法也不相同。

29.1 "让"字分析

29.1.1 词性不同

《现代汉语词典》(第7版)中"让"共十个义项,词性以动词和介词为主。其中义项④为:(动)指使、致使、容许或听任。义项⑧为:(介)被。例(1)为表被动义的"让"字句,其中的"让"应为义项⑧的意思,用作介词。例(2)为兼语句,其中的"让"应为义项④的意思,用作动词。

29.1.2 语义不同

例(1)意为"他的谎言"被"揭穿"了,揭穿谎言的人是"我",因此例(1)为被动句,其中的"让"表被动义,是句子的被动标记。例(1)中的"让"可以用"被"或"给"替换,而例(2)不可以。例如:

(1a)他的谎言被/给我揭穿了。

(2a)*他的谎言被/给我生气极了。

例(2)为致使类兼语句,兼语动词"让"表达致使、造成的意思。致使类兼语句最常用的兼语动词为"使、让、叫",虽然语用功能方面略有差异,但表达的语义基本相同,因此例(2)中的"让"可以用"使"替换。而"使"不能表被动义,因此例(1)中的"让"不能用"使"替换。例如:

(1b)*他的谎言使我揭穿了。

(2b)他的谎言使我生气极了。

值得注意的是,"让、叫"二字用法较多,两者都既可以表致使义,又可以表被动义。因此例(1)和例(2)中的"让"均可以被"叫"替换,并保持语义不变。例如:

(1c)他的谎言叫我揭穿了。

(2c)他的谎言叫我生气极了。

29.2 结构分析

29.2.1 表层结构不同

虽然两者的码化结构都是"N_1 + 让 + N_2 + V_2"。但例(1)为"让"字被动句，其结构可以拆分为"受事＋让＋施事＋动作"。而例（2）为"让"字致使类兼语句，其结构可以拆分为"致事因＋让＋致使对象＋致使结果"。

例（1）中"让我揭穿了"为状中词组，"让我"为介宾结构，修饰句中唯一的谓语"揭穿"。而例（2）中"让我生气极了"为兼语词组，其中动宾词组"让我"和主谓词组"我生气极了"套叠，"我"既是兼语动词"让"的宾语，又是"生气极了"的主语，是兼语。

29.2.2 转换关系不同

被动句和兼语句均和"把"字句存在一定的转换关系，但其转换方式和条件不完全一样。"让"字被动句普遍可以与"把"字句相互转换，并保持句意不变。在转换过程中，需要将"让"替换为"把"，并将施事和受事的位置相互调换。但并不是所有"让"字兼语句都能跟"把"字句相互转换，如例（2）这种仅体现致使义、不体现处置义的兼语句就不能转换为"把"字句。例如：

（1d）我把他的谎言揭穿了。

（2d）*他的谎言把我生气极了。

"让"字兼语句中，仅有部分既能表现致使义，也能表现处置义的句子可以和"把"字句相互转换。例如：

（3）你的行为真让我的心伤透了。

（3a）你的行为真把我的心伤透了。

29.3 语义限制

两种句式的码化结构均为"N_1＋让＋N_2＋V_2"。二者的主要区别在于V_2的不同，除此之外，在N_1的语义限制方面也存在一定差别。

29.3.1 V_2的语义限制

"让"字被动句中的V_2表示的是N_2对N_1施加的某种动作，如例（1）表示"我"对"他的谎言"施加了"揭穿"这一动作，因此"让"字被动句的V_2通常只能由动词、动词性词组充当。而"让"字致使类兼语句的V_2是致使结果，因此"让"字致使类兼语句的V_2必须表示的是某种心理或状态的变化，所以一般由能够体现变化的形容词或形容词性词组、动词或动词性词组充当，如例（2）

中的"生气极了"，表现了"他的谎言"导致"我"的心情产生了由不生气到"生气极了"的变化。例如：

（4）苹果让我吃了。（V_2 为动词，是被动句）

（5）他的建议让我们的计划取得了成功。（V_2 为体现变化的动词性词组，是兼语句）

（6）妈妈的夸奖让我非常高兴。（V_2 为体现变化的形容词性词组，是兼语句）

29.3.2 N_1 的语义限制

"让"字致使类兼语句的 N_1 为致事因，因此一般需要由表事或表物的体词性成分充当，如例（2）中的"他的谎言"。即使极少数情况下由表人的成分做 N_1，此时的本意也为与某人相关的事。例如：

（7）老师的指导让我豁然开朗。（N_1 为表事或表物的内容）

（8）爸爸让他没办法学习。（N_1 为表人的内容）

例（8）中的 N_1 虽然为表人内容"爸爸"，但联系整体句义，这里的"爸爸"是对"爸爸"的某种情况或行为的省略，因此仍然为表事或表物的成分。

"让"字被动句中 N_1 和 V_2 存在被动关系，因此根据 V_2 的不同，N_1 既可由人充当，也可由物充当。例如：

（9）小明让石头绊倒了。（N_1 为表人成分）

（10）他的谎言让老师揭穿了。（N_1 为表物成分）

29.4 教学建议

29.4.1 教学方法

在"让"字句的教学中，可以利用"让"能被替换的特点，选择对比教学的方式。在进行不同语义的"让"字句教学时，选择与其语义相同的句子进行对比，以加深学生的理解。在进行"让"字被动句教学时，可以选择"被"字句进行对比，让学生了解两者之间的替换关系。并且通过和"被"字句先备知识的对比，加强学生对"让"字被动句语义的理解。

常见的致使类兼语动词为"使、让、叫"，其中"使"字最适合书面语体，"叫"字最适合口语语体。因此"使、叫"虽然都能表达致使义，但几乎不可互相替换，"让"的语用特点使它可以与"使、叫"替换。学习者在学习初期，接触口语学习材料较多，会较早接触"让"字兼语句和"叫"字兼语句，可以将两者进行对比教学。在后期学习"使"字句时，可以将"使"字兼语句和"让"字兼语句这两种句意相似，但语用功能不同的兼语句进行对比分析，强化学生对其语义、语用的理解。

29.4.2 教学情境

现代汉语中，被动句通常表达主语"遭受""蒙受"某些事情之意，普遍表达负面语义，如例（1）中的"揭穿了"即为消极语义，而积极语义普遍不用被动句表达。例如：

（11）*比赛的胜利让他取得了。

例（11）在语法上虽然正确，但是不符合日常说话的习惯。因此，在"让"字被动句的教学过程中，例句应当选择有负面含义的句子。

而兼语句则既可以表示积极语义，也可以表示消极语义。例如：

（12）你的鼓励让我开心极了。（积极语义）

（13）他的谎言让我愤怒极了。（消极语义）

但在教学过程中，教师应当注重致使义这一"让"字兼语句的语用功能，在教学时选择能够体现致使义的典型语境。并且应当将致使义"让"字兼语句与使令义"让"字兼语句进行区分，在选择教学内容时不要将两者混用，避免对学生产生误导。

第三部分　兼语词组与兼语句偏误分析

30. 为什么不能说"请他看没看电影"？

30.1 为什么不能说

（1）* 请他看没看电影？

例（1）设问的对象和提问的方式不正确，改成例（2）、例（3）就没问题了。

（2）请没请他看电影？

（3）请他看电影吗？

例（2）、例（3）的答案是：

（4）请他看电影了。／没请他看电影。

（5）请他看电影。／不请他看电影。

要求类兼语句针对动词 V_1 的提问是比较自由的，如"请、要、要求、请求、求、叫、乞求、恳求"等都可以用上述方式提问。

那么为什么不能针对 V_2 采用正反问的方式提问呢？

首先，这是由使令类兼语句的性质决定的。使令类兼语句的兼语动词具有使令意义，它以某种使令方式作用于后面的兼语 N_2，使之接受 V_1 的动作要求后，做出 V_2 的行动或完成某项任务。换句话说，V_1 是主动的行为，具有选择性，而 V_2 则是被动的行为，不具有选择性，所以不能用正反问的方式提问，也不能带表否定主观意愿的副词"不"。在这点上，兼语句与连谓句存在差异。连谓句的 V_1 和 V_2 都是由同一个主语发出的，且都是主动的行为，所以可以针对 V_1 或 V_2 提问。例如：

（6）你去没去商店买东西？

（7）你去商店买没买东西？

其次，使令类兼语句不仅要求 V_1+N_2 与 N_2+V_2 之间在动作上存在递系关系，在时间上也需要有先后关系。否定副词"没有"是对过去动作的否定，与兼语句的语义要求相悖，因此在使令类兼语句中，虽然可以在 V_2 后面添加"着、了、过"表示不同语态，但只能用肯定形式，而不能以正反问的方式对 V_2 进行提问。例如：

（8）我请求他帮助过小玉。

（8a）* 我请求他帮没帮助过小玉？

（9）医生要求我躺着。

（9a）* 医生要求我躺没躺着？

（10）老师请他站了起来。

（10a）* 老师请他站没站起来？

如果要对 V_2 加以否定，那么只能使用表禁止或劝阻的否定副词"别"，不能用"不"和"没有"。例如：

（11）我求他帮助姐姐。

（11a）我求他别帮助姐姐。

（11b）* 我求他不帮助姐姐。

（11c）* 我求他没有帮助姐姐。

例（1）的改正方法通常有两种：一是改变提问的位置，将针对 V_2 提问改为针对 V_1 提问；二是用是非问对整句提问。例如：

（1a）请不 / 没请他看电影？

（1b）请他看电影（了）吗？

例（1）还有一种修改方式，就是在句尾加上"不"或"没有"，变为正反疑问句。例如：

（1c）请他看电影不 / 没有？

例（1c）中的提问是针对 V_1 的，不是针对 V_2 的，因为它们的回答都是"不/没有请他看电影"。

30.2 教学提示

30.2.1 偏误原因

学生出现例（1）偏误的主要原因可能有两点：

一是不清楚使令类兼语句中 V_2 的语义限制。N_2+V_2 在独立成句或者在连谓句中，都可以用正反疑问形式对 V_2 提问，学生误以为兼语句也可以采用这种方式提问。例如：

（12）他看没看电影？

（13）他去那里看没看电影？

二是不清楚使令类兼语句对 V_2 的句法限制。使令类兼语句常常在 V_2 后面加动态助词"着、了、过"表时态，学生误以为 V_2 是主要的谓语动词，可以用正反疑问形式对 V_2 提问。

30.2.2 教学建议

在兼语句的教学中，针对谓语动词的提问是一个教学难点，目前二语教材针对这方面的教学设计比较少，教师也很容易忽视。建议在教授兼语句的肯定句后，向学生解释这种问句形式，让学生明白针对谓语的正反问只能是对 V_1 的，不能是对 V_2 的。除此之外，应该设计一些辅助性活动，通过创设情境，帮助学生掌握这种提问形式。在设计课堂练习时，也可以加入一些肯定式与疑问式的转换练习，帮助学生加深对这种提问方式的认识和理解。

31. 为什么不能说"不让我能休息"？

31.1 为什么不能说

（1）＊不让我能休息。

兼语动词"让"有三种不同的意义："让$_1$"在致使类兼语句中表示导致、致使意义；"让$_2$"在使令类兼语句中表派遣、命令意义；"让$_3$"在使令类兼语句中表许可、容许意义。"让"的意义不同，否定的方式和位置也不同。

31.1.1 致使类"让₁"字句的否定形式

致使类兼语动词"让₁"的自足性很差，它既不能与后边的宾语结合成句，也不能在"让₁"后加动态助词"着、了、过"。致使类"让₁"字句的否定形式一般出现在 V₂ 前，可以用"不"，也可以用"没 / 没有"。例如：

（2）工地的吵闹声让我不 / 没能休息。

"我不能休息"或"我没能休息"都是"工地的吵闹声"引起的，后者是致因，前者是结果。

除了对 V₂ 进行否定，致使类"让₁"字句也可以用"没有"对 V₁ 进行否定，表示致因的影响没有发生。例如：

（3）工地的吵闹声并没有让我不能休息。

例（3）中"我不能休息"是"工地的吵闹声"的预期影响，副词"没有"是对致使动词"让₁"的否定，表示这种预期影响没有发生。类似的例子如：

（4）放假并没有让我十分开心。

（5）他的考试成绩没有让我失望。

例（4）、例（5）中的"开心"和"失望"都是预期的影响。前者是积极的预期结果，后者是消极的预期结果，"没有让"是对整个受使事件（caused event）的否定。

致使类"让₁"字句一般不能用"不"对"让₁"进行否定，如果要用"不"否定"让₁"，需要有严格的限制。例如：

（6）＊工地的吵闹声不让我能休息。

致使类兼语句中致事 N₁ 多为客观事件或原因，不是施事，动词"让₁"表达"致使、导致"的意思，不具有主动性，所以无法用"不、别"等带主动义或祈使义的否定副词对其进行否定。例（6）是例（1）的完整句，其中 N₁"工地的吵闹声"是客观事件，不具有主观意志，因此不能直接使用包含主观意志的副词"不"否定"让₁"。如果要使用"不"作为否定副词，后面需要加能愿动词，如"能、会"等。例如：

（7）放假并不会让我开心。

（8）安静的环境也不能让我好好休息。

能愿动词具有表达客观可能性的语义特征，与否定副词"不"结合，可以表达客观的可能性，否定表致使义的"让₁"自然没有问题。

综上所述，例（1）不符合致使类兼语句中否定副词的使用要求，表达式不成立。

31.1.2 使令类"让₂""让₃"字句的否定形式

31.1.2.1 表派遣义的"让₂"字句的否定形式

使令类兼语动词"让₂"包含命令的意思，与之同义的其他兼语动词包括"叫、命令"等，使令类"让₂"字兼语句的否定形式与致使类"让₁"字兼语句的有所不同，其否定副词通常在 V_1 前面，表示不发出、没有发出或者禁止发出某种指令，否定方式比致使类"让₁"字兼语句自由，否定副词可以用"不、没有"，也可以用"别、不能"等。例如：

（9）我不让／叫他来，他来也没用。

（10）老师没有让／命令我休息，他没有这个权力。

（11）别让／叫我做我不喜欢做的事，我是不会听你的的。

（12）你不能让／命令他做这做那，给他一点儿空间吧。

"让₂"是强使令动词，N_1 带有很强的主观意志，通常由表人或组织的名词、代词充当，后面的 N_2+V_2 是使令的内容，无论 V_1 是肯定还是否定形式，V_2 通常都是肯定形式。

如果要对指令内容进行否定，一般不用"不、没有"，而用否定副词"别、不要"等，表示禁止或阻止。例如：

（13）妈妈让／命令我别休息。

（14）妈妈让／叫我不要喝水。

31.1.2.2 表允让义的"让₃"字句的否定形式

使令类兼语动词"让₃"包含容许的意思，与之同义的其他兼语动词包括"允许、容许"等，允让类"让₃"字兼语句的否定形式与派遣类"让₂"字兼语句大同小异。相同之处是 V_1 位置上的否定方式相同，都可以用"不、没有、别、不能"否定动词"让₂"或"让₃"。例如：

（15）妈妈没有让／允许我休息，所以我不能休息。

（16）家庭条件不让 / 容许我们大手大脚地花钱。

（17）你别让 / 允许他随便出入，把门关上。

（18）我们不能让 / 容忍这样的事情发生。

不同之处是 V_2 的否定形式存在差异，可以用"不"否定，但不能用"别、不能"否定。例如：

（19）我们可以让 / 允许他不休息。

（20）* 我们可以让 / 允许他不能休息。

"让$_3$"是弱使令动词，允让类"让$_3$"字兼语句的 N_1 可以是人，也可以是事物，动词"让$_3$"既可以表达主观的允许，也可以表达客观条件的容许。如例（15）是"妈妈允许"，是主观的，而例（16）"家庭条件不容许"则是外在的客观原因。兼语后面的 N_2+V_2 是允许的内容，既可以是肯定形式，也可以是否定形式，V_2 前面不能带表主观可能性的能愿动词。例如：

（21）* 妈妈让 / 允许妹妹能吃冰淇淋。

31.2 修改方式

例（1）如果要修改成致使类兼语句的否定形式，有以下几种方式：

（1a）工地的吵闹声让 / 使我不能休息。

（1b）工地的吵闹声没有让 / 使我不能休息。

（1c）工地的吵闹声让 / 使我没有休息。

例（1）如果要修改成派遣类兼语句的否定形式，则采用以下方式：

（1d）妈妈不 / 没让我休息。

（1e）妈妈让 / 命令我别 / 不要休息。

例（1）如果要修改成允让类兼语句的否定形式，则采用以下方式：

（1f）妈妈不 / 没让 / 允许我休息。

（1g）妈妈让 / 允许我不休息。

31.3 教学建议

在教学中，教师通常会把教学重点放在兼语句的肯定式教学上，而忽略了否定式的教学，造成学生使用错误。我们的建议是：

31.3.1 分类教学

不同语义的"让"字兼语句的否定式限制不完全相同，尤其是致使类兼语句和使令类兼语句的否定式较为复杂。在教学中，应当将这两类兼语句分开进行教学，并且选择较为典型的兼语动词和范例进行讲解。例如致使类"让₁"字兼语句可以借助动词"使"进行辅助教学，防止学生与使令类兼语句否定式产生混淆。除了兼语句需要分类教学之外，针对不同句法位置兼语词组的否定形式，也应该分别展开针对性的教学，帮助学生了解否定位置差异所产生的细微的语义不同。

31.3.2 练习方式

除了教学之外，针对性的否定式练习也能够帮学生加深对不同否定表达式的理解。首先可以引导学生进行句子改写。例如：

练习 1. 请在合适的位置为下列句子添加否定词

（1）哥哥　让　我　去读书。

（2）听音乐　让　我　开心。

其次是设计一些翻译题，让学生体会不同语言之间否定形式的差异。例如：

练习 2. 请将以下两个句子翻译为"让"字句

（1）The teacher didn't ask me to go to the office.

_____

（2）The teacher told me not to go to the office.

_____

还可以选择句子改错或者是情境造句等多样化的练习方式，巩固学生对兼语句否定式的理解。在设计练习时，应当注意以下几点：

1.学生在练习时已经对不同位置的否定形式有所了解。

2.可以根据教学需要将不同位置的否定形式进行对比。

3.用于练习的句子和语境具有典型性。

32. 为什么不能说"老师使我做作业"？

32.1 为什么不能说

（1）* 老师使我做作业。

32.1.1 兼语句的构式分析

不同类型兼语句的表层结构是相同的，都可以码化为 $N_1+V_1+N_2+V_2$。但是，不同类型兼语句的构式意义是不同的。

32.1.1.1 致使类兼语句（"使"字句）的构式义

致使类兼语句（"使"字句）的构式义可以通俗地表述为"某一事物导致某人产生某种变化"，其中 N_1（某一事物）是致事或者致因，N_2（某人）是使事，即受影响人，V_2 是 N_2 受影响后所产生的变化或出现的新情况。例如：

（2）老师的批评使我很难受。

例（2）中的 N_1 "老师的批评"是一个事实，也是令 N_2 "很难受"的原因；V_1 "使"表示致使方式；N_2 "我"是受 N_1 "老师的批评"影响的对象，也是 V_2 "很难受"的主体；V_2 "很难受"是一种状态的变化，是受 N_1 "老师的批评"影响后出现的一种新情况、新状态。

32.1.1.2 使令类兼语句（"让"字句）的构式义

使令类兼语句（"让"字句）的构式义可以通俗地表述为"某人命令／允许他人做某事"。其中 N_1（某人）是施事，是指令的发出者或允许者；N_2（他人）是受事，即受令者或被允许者；V_2 是 N_2 接受指令或获得许可后的行动。例如：

（3）爸爸让我去睡觉。

例（3）中 N_1 "爸爸"是发出指令的人或允让者，是施事；V_1 "让"是使令的方式；N_2 "我"是受令者或被允许者，是受事；V_2 "去睡觉"是 N_2 "我"的后续行动。根据不同情境，例（3）可以改写为：

（3a）爸爸让我去睡觉，别再玩游戏了。

（3b）我做完功课后，爸爸才让我去睡觉。

致使类兼语句和使令类兼语句的构式义不同，主要表现在对 N_1 和 V_2 的语义限制上。

32.1.2 N_1 的语义限制分析

致使类兼语句一般要求 N_1 为一个表事或物的名词性成分，而使令类兼语句的 N_1 需要发出指令，因此通常为某人或某组织。有时致使类兼语句的 N_1 也可以是人称代词，但一定不是施事，而是代指某人的行为，是使因。例如：

（4）他的鼓励使我很感动。

（5）你使我很为难。

例（4）中，N_1 "他的鼓励"为表事物的名词性词组。例（5）中的"你"并非指人，而是隐含"你的言行或要求"之意。使令类兼语句的 N_1 为指令的发出者，一般情况下只有人能发出指令，因此使令类兼语句要求 N_1 一般为表人的名词或代词。例如：

（6）妈妈让我洗碗。

此处的"妈妈"是发出命令的人，并没有隐含"妈妈"做的某件事的意思。例（1）中的"老师"与此相同，均为表人的词语，因此例（1）的 N_1 符合使令类兼语句的语义限制。

31.1.3 V_2 的语义限制分析

致使类兼语句的 V_2 强调 N_2 受 N_1 影响后产生的变化或新状态，所以 V_2 常由形容词性成分或表变化的动词性成分充当。例如：

（7）什么事情让你变得这么开心？

（8）这次试验成功让我们看到了希望。

使令类兼语句的 V_2 强调 N_2 收到指令后的行动，作为指令的内容，V_2 通常是具体的言行或动作。

（9）张经理让他去办这件事。

使令类兼语句中的动词 V_1 是不能用"使"替换的。例如：

（9a）* 张经理使他去办这件事。

例（9a）中"去办这件事"为指令内容，并不是致使结果，且动词"使"并不能表达使令义。

上述分析结果显示，例（1）出现了构式内部语义关系混淆的情况，例（1）的 N_1 "老师"是施事，并不能作为表原因的致使成分，V_2 "做作业"只表动作，是指令内容，并不包含变化义，不是致使结果，所以不符合致使类兼语句的构式要求，不应该使用致使动词"使"。

"使"与"让"的误用是初学者常出现的一种兼语偏误。造成此类偏误的原因主要是学生无法准确区分致使类兼语句和使令类兼语句的语义，误将二者等同起来，其实"致使"和"使令"是兼语中两种紧密联系却有所区分的类型。

32.2 修改方式

32.2.1 更换兼语动词 V_1

根据上述分析可知，例（1）是包含使令义的句子，但"使"字不包含使令义，可以将动词 V_1 替换为表使令义的动词"让"或"叫"。例如：

（1a）老师让 / 叫我做作业。

例（1a）为正确的表使令义的兼语句，意为"老师"给了"我"一个"做作业"的命令。

32.2.2 修改 N_1 和 V_2

由于致使类兼语句的 N_1 必须是导致 N_2 变化的致事或致因，而"老师"是表人的名词，不能表原因，因此需要将 N_1 改为表事的名词性词组；此外，V_2 也应该表现出变化义或结果义，可通过添加修饰性成分表达使事产生的结果。例如：

（1b）老师的指导使我很快做完了作业。

（1c）老师的提醒使我赶紧开始做作业。

32.3 教学建议

32.3.1 加强辨析，分步教学

兼语动词"使"与表致使的"让₁"同义，但语体色彩不同，"让₁"在口语中经常使用，"使"大多在议论性和说明性书面语中出现。从学生接触的时间看，

"让$_1$"的出现早于"使"。另外，表致使义的"让$_1$"又与表使令义的"让$_2$"和"让$_3$"同形，但实际用法差异很大。在教学过程中，如果不注意让学生分辨"让$_1$""让$_2$"和"让$_3$"之间的差异，很容易让学生形成三者用法一样的错误印象，当遇到"使"字句时，就会出现负迁移，造成偏误。

因此，在教学过程中应当注意两点：一是使令类兼语句和致使类兼语句应该分开教学，不能简单地将它们归为一类，教师在教"让$_1$""让$_2$"和"让$_3$"时要讲清楚它们之间的不同用法和限制条件；二是在教学顺序上应合理安排，尽量避免不同语义类型的兼语句同时出现。从难易程度来看，使令类"让$_2$"字兼语句较简单，应该先教，使令类"让$_3$"字兼语句随后，最后教致使类"让$_1$"字兼语句。

32.3.2 教学方法

致使类兼语句有两个最显著的特点：一是 N_1 与 V_2 存在因果关系，N_1 是致因，V_2 是 N_1 导致的结果，所以绝大多数致使类兼语句都可以转换为因果复句；二是致使类兼语句的 N_1 很特别，不是表人的，而是表事物的，除非有特别的语境支持，表人的名词或代词通常不能出现在 N_1 位置。

根据上述特点，教师可以设计以下引导性问题，并结合典型的情境，帮助学生理解和使用致使类兼语句。

老师：N_2 为什么 V_2？

学生：因为 N_1。

老师：是因为 N_1，N_2 才 V_2 的吗？

学生：是的。

教师带出句型：N_1 + 让 + N_2 + V_2。

33. 为什么不能说"让了他去休息"?

33.1 为什么不能说

(1) * 让了他去休息。

例(1)是典型的使令类兼语偏误句,其中省略了第一个主语 N_1。

使令类兼语句的结构可以码化为:N_1 + 使令类兼语动词(V_1)+ N_2 + V_2。兼语句中包含两个表述,其中"N_1 + 兼语动词(V_1)+ N_2"的主谓宾结构组成第一个表述,而 N_2 + V_2 的主谓结构组成第二个表述,这两个表述具有紧密的时间顺序关系。例如:

(2) 我让他去跑步。

例(2)中"我让他"为第一个表述,"他去跑步"为第二个表述,并且"他去跑步"这一表述紧接着"我让他"发生。由此可以看出,兼语句中两个表述之间的关系非常紧密,两者套叠表达一个完整的事件。

使令类兼语句属于复杂谓语句,动词后面允许带动态助词表时态,但动态助词位置并不固定。总体上看,使令类兼语句中表时态的功能主要由 V_2 承担,如果兼语动词 V_1 是行动型的,有时 V_1 后面也可以带动态助词,但是如果兼语动词 V_1 是指令型的,则 V_1 后面一般不带动态助词。例如:

(3) 我扶着她上了车。

(4) 我选了他当班长。

(5) 公司派了两个工人去修理损坏的机器。

(6) 我劝过他去上大学。

(7) 我让他看了这篇文章。

例(3)的兼语动词 V_1 含帮助义,例(4)的兼语动词 V_1 含选举义,后面带"着、了、过"都没有问题;例(5)的兼语动词 V_1 含派遣义,后面可以带"了、过"，但不能带"着"；例（6）的兼语动词 V_1 含鼓动义，可以带"过"，一般不能带"着、了"；例（7）的兼语动词 V_1 可以表允让义，也可以表派遣义，但不能带"着、了、过"。

33.2 修改方式

因为使令类兼语动词"让$_2$""让$_3$"后不能添加"着、了、过"等动态助词，所以在表达不同时态时，只能在 V_2 后添加动态助词或者在句末添加语气助词来表示动作或事件的完成。例如：

（8）我让他去打了水。

（8a）我让他去打水了。

例（8）和例（8a）均能体现出已完成的时态，但两者的语义重心不同。例（8）主要强调"他打水"这个动作已完成，隐含信息是"我们现在有水了"，而例（8a）强调整个指令性行为已经完成，隐含信息是"他已经离开了，不在这里了"。值得注意的是，如果要表达动作或事件未完成，否定副词"没有"只能放在"让"的前面，不能放在 V_2 前面。例如：

（8b）我没有让他去打水。

（8c）*我让他没有去打水。

33.3 教学建议

在句式教学的过程中，通常从基础句式入手，在学生完全掌握基础句式之后，才会引入省略式、否定式及时态变化等的教学。兼语式结构较为特殊，同一句子中出现两个动词并且分属不同的主语，这样的句式特点导致兼语式的变形结构相对复杂，是学生学习的难点。教师如果仅将教学重点放在基础句式的教学上，而忽略变形句式的教学，学生在实际使用兼语式时就会出现如例（1）这样的偏误。因此教师在帮助学生掌握兼语式的基本句式之后，应当逐步引入省略式、否定式及时态变化等变形句式。

由于兼语动词"让"是表指令的，所以不能直接在"让"后加动态助词"了"表示完成态，只能通过添加句末语气词来实现时态的转变。使令类兼语句的时态教学是兼语句教学的难点，教师的教学重心应该放在兼语动词 V_1 的语义类型上。帮助学生厘清行动型兼语动词与指令型兼语动词在表达时态方面的差异是教学成功的关键。

34. 为什么可以说"领着他们去"，却不能说"派着他们去"？

34.1 V_1 动词分析

34.1.1 语义关系分析

（1）领着他们去

（2）* 派着他们去

以上两个词组的内部结构均可以码化为（N_1 +）V_1 + N_2 + V_2。其中例（1）为表帮带义的兼语词组，例（2）则是表派遣义的兼语偏误词组。

帮带类和派遣类都是使令类兼语句的小类，但帮带类在使令类兼语句中较为特殊。因为在帮带类兼语句中，兼语动词的主语 N_1 也会跟 V_2 发生语义关系，而派遣类兼语句中的 N_1 不会和 V_2 发生语义关系。例如：

（3）老师陪我们去主席台。

（4）老师派我们去主席台。

例（3）是帮带类兼语句，兼语动词 V_1 为"陪"，其中 N_1 "老师"既要"陪我们"，又要"去主席台"，因此 N_1 既是兼语动词 V_1 "陪"的主语，也是 V_2 "去主席台"的主语，跟两个动词都发生语义关系，N_1 是整句主语。而例（4）中的 N_1 "老师"仅发出一个动作，即 V_1 "派"，N_1 和 V_2 "去主席台"之间不存在语义关系，V_1 "派"和 V_2 "去主席台"的主语不同。例（3）中的 N_1 需要维持 V_1 "陪"这一动作并完成 V_2，而例（4）中的 N_1 则只需要完成 V_1 "派"这一个动作。

34.1.2 助词分析

"着"这一动态助词通常用来表示动作持续的状态。在帮带类兼语句中，兼语动词 V_1 通常为延续性动词，可以和表一段时间的状语连用，也可以加"着"

表示动作持续发生的状态。例如：

（5）妈妈带弟弟去公园玩了一天。

（6）我陪着奶奶去医院。

例（1）中的"领"是持续性动词，N_1 将会在保持 V_1 "领"这一动作的基础上完成 V_2 "去"，V_1 后可以接"着"表示动作的持续状态。

而派遣类兼语句中，兼语动词 V_1 通常为短暂性动词，派遣动作一旦发生就立即结束。V_1 不能和表一段时间的状语连用，V_1 后也不可以接"着"表示动作持续发生的状态。例如：

（7）*长官命令士兵出发一个月。

（8）*组织上派着他去完成这个任务。

例（2）与例（7）、例（8）情况相似，均为派遣类兼语句，V_1 "派"这一动作发生后立即结束，因此不能接"着"表达持续状态。

34.2 教学建议

使令类兼语句中还包含很多小类，因此在教学过程中，也应当合理安排不同小类的教学顺序。帮带类兼语句因其本身 N_1 和 V_2 存在语义关系的特点，和连谓句之间界限模糊，需要通过上下文语境进行判断。因此，帮带类兼语句可以和连谓句一起优先进行教学。在教学过程中，需要为学生创设较为典型的语境，在学生完全掌握句型结构和特点之后，再引导学生根据语境对连谓句和帮带类兼语句进行区分。例如：

（9）我帮你扫地，两个人一起扫会更快。

（10）我帮你扫地，你赶紧回家吧。

在教学过程中，连谓句和兼语句区分的焦点应该集中在 N_2 和 V_2 的语义关系上。如例（9）中的 V_2 "扫地"这一动作由"两个人"一同进行，因此与 N_2 "你"也存在语义关系，例（9）属于帮带类兼语句。而例（10）中 N_2 "你"需要做的事情是"赶紧回家"，而非 V_2 "扫地"，因此 N_2 和 V_2 之间不存在语义关系，例（10）为连谓句。

派遣类兼语句的教学焦点在于让学生理解 N_2 一词兼任两种句法成分的特点，

可以采用句式拆分的方式进行教学。例如：

（11）爷爷派我去取报纸。

例（11）可以拆分为两个简单句——"爷爷派我"和"我取报纸"，这种拆分方式能够让学生更清楚地理解不同动词的发出主体是什么，并且可以感受到 N_2 "我"作为兼语所承担的两种不同的句法成分。

35. 为什么不能说"我要求明天他去"？

35.1 为什么不能说

（1）* 我要求明天他去。

例（1）是典型的兼语偏误句，其偏误为语序错误。例（1）本来想表达的语义为"我"下达一个指令给"他"，指令内容是"明天去"，符合使令类兼语句的语义特征。

兼语句表层结构为 $N_1+V_1+N_2+V_2$，由两套主谓结构套叠而成，V_1 和 V_2 分属不同的主语，其结构分别为 $N_1+V_1+N_2$ 和 N_2+V_2。而"明天"是时间状语，主要用于表达某一行为发生的时间，通常位于句首或动作之前。例如：

（2）今晚我和朋友要去聚会。（时间状语在句首）

（3）我和朋友今晚要去聚会。（时间状语在动作前）

而例（1）中"明天"出现在 N_2 "他"之前，既不在句首，也不在动作之前，属于语序错误。出现这种错误的主要原因在于，学生没有搞清楚兼语句的句式特征，将兼语句与主谓词组做宾语句混淆，将"他去"整体视为"我要求"的宾语，因此认为"明天"可以加在"他去"之前表示其时间状态。

主谓词组做宾语句和兼语句的码化结构相同，均为 $N_1+V_1+N_2+V_2$。但在主谓词组做宾语句中，主谓词组作为一个整体充当句子成分，在此种情况下，可以看作两个主谓简单句环套，而兼语句则为两个主谓简单句套叠，其结构图示如下页图 35-1。

主谓词组做宾语句：

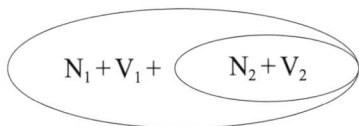

兼语句：

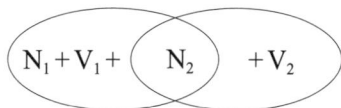

图 35-1 主谓词组做宾语句和兼语句的结构

因此，在主谓词组做宾语句中，可以在宾语，即 N_2+V_2 之前添加状语，保持句子结构完整。在兼语句中，第一套主谓结构的宾语仅为 N_2，所以不能在其前添加状语，否则会导致第一套主谓结构被错误拆分。例如：

（4）我希望明天他来。

（5）*我让明天他来。

综上所述，例（1）偏误产生的主要原因在于混淆了主谓词组做宾语句和兼语句的句子内部结构，在错误位置添加时间状语导致兼语句第一套主谓结构被错误拆分。

35.2 修改方式

因为使令类兼语句中存在两个动作：首先是使令类兼语动词 V_1，如例（1）中的"要求"；其次是第二套表述的谓语 V_2，如例（1）中的"去"。因此在为使令类兼语句添加时间状语时，应当首先明确时间状语表达哪个动词的状态，再依据句意分情况添加时间状语，这主要分为三种情况：

1.时间状语表达兼语动词 V_1 的状态。例如：

（1a）我明天要求他去。

例（1a）中"明天"加在"要求"之前，表示"要求"这一行为明天才会发生，暗含今天"不要求"之意。而对于动词 V_2 "去"何时发生，句中则无明显体现，需要上下文语境支持。

2.时间状语表达动词 V_2 的状态。例如：

（1b）我要求他明天去。

例（1b）中"明天"加在"去"之前，表明"去"这一动作的发生时间为"明天"，而此处的时间状语对"要求"一词的时间状态没有影响。"我"发出"要求"这个动作的时间，句中并未直接表明。

3. 时间状语表达整个事件的状态。例如：

（1c）明天我要求他去。

例（1c）中"明天"位于句首，是将兼语句中两个叙述看作整体事件，对其发生的时间状态进行描述。总之，在对兼语句的时间状态进行描述时，应当按照需要表达的句意在合适位置添加时间状语。

35.3 教学建议

主谓词组做宾语句和兼语句都是汉语中结构较为特殊且常用的句式。两者码化结构一致，因此在教学过程中，应当尤其注重对两者的对比区分教学。

除了动词语义指向不同之外，主谓词组做宾语句和兼语句的区别有如下几点：

1. 动词是否存在时间顺序？

兼语句为递系表达，V_1 和 V_2 之间存在时间先后顺序，而主谓词组做宾语句的两个动词之间并不存在时间顺序关系。例如：

（6）我让他跑步。

（7）同学们害怕老师批评。

例（6）兼语句中的 V_1"让"发生在 V_2"跑步"之前，而主谓词组做宾语句例（7）中的 V_1"害怕"和 V_2"批评"之间的先后顺序不受限制。在教学过程中，教师可以选择能够通过动作展示的例句，让学生明确兼语句中两个动词存在的时间先后关系。

2. 位置是否可以移换？

主谓词组做宾语句中的 N_2+V_2 整体作为一个句子结构，可以进行宾语前置，转化为 $N_2+V_2+N_1+V_1$。而兼语句中的 N_2 既做 N_1+V_1 的宾语，又做 V_2 的主语，因此 N_2+V_2 不能提前。例如：

（6a）*他跑步我让。

（7a）老师批评，同学们害怕。

在练习过程中，教师可以适当设计判断类或者改写类的题目，帮助学生加深对主谓词组做宾语句中宾语前置的理解。

3. 是否可以添加词语？

根据对例（1）的偏误分析可知，主谓词组做宾语句的 N_2 之前可以添加时间状语，而兼语句不可以，此处不再赘述。另外，在 $N_1 + V_1$ 和 $N_2 + V_2$ 之间添加"的是"，主谓词组做宾语句仍然成立，而兼语句则不能成立。例如：

（6b）*我让的是他跑步。

（7b）同学们害怕的是老师批评。

此种判断方式必须安排在学生已经熟练掌握"是"字句句型及相应变体之后。教师在对此种区分方式进行教学时，尤其应当注意选择典型的语境，以避免增加学生的理解难度。

36. 为什么不能说"他的话把我很开心"？

36.1 为什么不能说

（1）*他的话把我很开心。

例（1）是典型的致使类兼语句误用为"把"字句的偏误，出现这类偏误与两种句式存在相似性、学生无法准确区分有关。

有一类非典型的"把"字句，它的主语不是表人的施事，而是致使性事件，这类主语不具备自主性，只有"使因性"。这类"把"字句的构式义与致使类兼语句的构式义很像，表层结构也相似，均为" $N_1 + $ 把/致使义兼语动词（ V_1 ）$+ N_2 + V_2$ "。某些情况下，"把"字句和致使类兼语句可以相互转换。例如：

（2）妖道的法术把唐僧变成了老虎。

（2a）妖道的法术使唐僧变成了老虎。

但并非所有的"把"字句都可以和致使类兼语句相互转换，它们之间的转换存在条件限制。

36.1.1 N_1 的条件限制

表致使义的"把"字句要求 N_1 由表事物的名词性词语充当，比如例（2）中的"妖道的法术",中心语是表事物的"法术",表人的"妖道"是限定性词语。如果主语不是表事物,而是表人的名词性词语,那么与致使类兼语句的转换就不成立。例如:

(3)妖道把唐僧变成了老虎。

(3a)妖道使唐僧变成了老虎。

例(3)中的"妖道"是具有自主性的人,是施事;例(3a)中的"妖道"则不是施事,而是致事,暗指"妖道的法术"。所以例(3)属于表处置义的"把"字句,例(3a)仍属于表致使义的兼语句,两者虽然同形,但不构成转换关系。

36.1.2 N_2 的限制

"把"字句的 N_2 与介词"把"构成介宾词组,N_2 由表人或表事物的名词或代词充当,这点与致使类兼语句的 N_2 不同。致使义"把"字句转换为致使类兼语句的条件是 N_2 必须具有自主性,一般是表人或事物的名词或代词。同时,N_2 与 V_2 需要满足特殊的句法或语义关系,有些 N_2 既可以做 V_2 的受事,也可以做 V_2 的施事,有些 N_2 与 V_2 的关系既可以是施动关系,又可以是使动关系。如果不能同时满足上述要求,则不能顺利转换。例如:

(4)我用尽全身力气把箱子砸碎了。

(4a)*我用尽全身力气使箱子砸碎了。

(4b)我用尽全身力气使箱子破碎了。

"把"字句要求 N_2 是 V_2 的受事,"砸箱子"可以满足这个条件,而致使类兼语句要求 N_2 与 V_2 构成施事和动作的关系,"箱子砸"中的"箱子"是"砸"的受事,不是施事,"箱子砸"也不能改为"使箱子砸",所以例(4a)不符合"把"字句与致使类兼语句的转换条件,必须改换 V_2 动词才能使句子成立,例(4b)是成立的句子。

36.1.3 V_2 的限制

致使义"把"字句和致使类兼语句对 V_2 的句法和语义要求存在差异,可以相互转换的条件很严格。

36.1.3.1 V_2 的句法限制

光杆动词、形容词、主谓词组、状中词组或动宾词组不能作为"把"字句的

V_2，只有少数动补合成词和加后缀"化"的动词例外，致使类兼语句对 V_2 的限制较少，光杆动词或上述词组都可以使用。例如：

（5）虚心使人进步。

（5a）*虚心把人进步。

（6）他的要求使我很为难。

（6a）*他的要求把我很为难。

（7）妈妈想方设法让孩子个子长高。

（7a）*妈妈想方设法把孩子个子长高。

（8）一边看电视一边学习会使学生分散注意力。

（8a）*一边看电视一边学习会把学生分散注意力。

"把"字句要求 V_2 后面带补语，这点与致使类兼语句一致，但"把"字句对补语的限制更严，通常要求带情态补语、趋向补语或结果补语，其他补语类型很难进入"把"字句，而致使类兼语句则不限制补语类型，可能补语也可以进入其中。例如：

（9）一天忙碌的工作把我累得连饭都不想吃了。

（9a）一天忙碌的工作使我累得连饭都不想吃了。

（10）公司合并可以把双方的优势集中起来。

（10a）公司合并可以使双方的优势集中起来。

（11）建博物馆可以把我们的历史和文化保存好。

（11a）建博物馆可以使我们的历史和文化保存好。

（12）*你这样做会把问题解决不了。

（12a）你这样做会使问题解决不了。

36.1.3.2 V_2 的语义限制

致使义"把"字句对谓语动词有特殊要求，致使类兼语句的 V_2 中只有少数表变化义、位移义、感知义、分合义或存现义的动词或形容词符合要求。例（2）的"变成"、例（5）的"进步"表变化义，例（7）的"长"表位移义，例（6）的"为难"、例（9）的"累"表感知义，例（8）的"分散"、例（10）的"集中"表分合义，例（11）的"保存"表存现义，所以可以转换为致使类兼语句。

根据上述分析，就可以回答为什么例（1）不能说了。从"把"字句的角度看，例（1）符合致使义"把"字句的一些特征，比如：主语 N_1 "他的话"可以作为致因；N_2 "我"是表人的代词，具有自主性；V_2 "很开心"是表感知的形容词性词组；"我很开心"可以说成"使我很开心"，符合"把"字句的语义要求。但从句法上看，例（1）成句的条件并不充分，谓语"很开心"是状中词组，后面不能带补语，这与致使义"把"字句的句法要求不一致。从致使类兼语句的角度看，例（1）的句法和语义都完全满足要求，所以例（1）是"把"字句和致使类兼语句误用的例子。

36.2 修改方式

例（1）的修改方法有两种：一是将"把"换成"使、让、叫"等致使义兼语动词。例如：

（1a）他的话使／让／叫我很开心。

二是保留"把"字句句式，改变谓语的内部结构或语义类型，可以在"开心"后面加上补语，也可以用表变化义的动词（如"变"）改写谓语。例如：

（1b）他的话把我开心得不得了。

（1c）他的话把我变得很开心。

36.3 教学建议

致使义"把"字句属于特殊的句子类型，容易被教师忽视。建议在教学实践中加强对比分析，让学生了解致使类兼语句和致使义"把"字句的结构形式相似，并强调致使义"把"字句转换为致使类兼语句的三大条件：

首先是 N_1 的条件限制，致使义"把"字句和致使类兼语句的 N_1 都是致事，不是施事，通常由表事或表物的名词性词组充当。

其次是 N_2 与 V_2 既可以组成 N_2+V_2 的陈述关系，也可以构成"使 $+N_2+V_2$"的使动关系。

最后，V_2 一般要求带表结果、情状的补语。

第四部分 兼语词组、兼语句的使用频率、学习难点与教学安排

37. 不同类型兼语词组的使用频率有何差别?

理论上讲,选择哪些兼语小类作为教学内容除了要以教学语法等级大纲为依据,遵循难易度原则外,还需考虑其在教材中出现的时间和频率。出现时间的先后和达到饱和输入量的状况都会影响兼语词组教学安排的时间和顺序,尤其是语法大纲中等级相同的语法点集中出现时,选择先教哪个语法点,时间和频率因素就显得更加重要。因此,除了难易度外,时间和频率是决定语法教学顺序的两大重要参考指标。

37.1 各类兼语词组的使用频率

37.1.1 统计材料

兼语词组在教材中的实际使用状况如何,目前尚缺乏详尽细致的统计数据。我们以新加坡教育部编写的《小学华文》和中国暨南大学华文学院编写的《中文》为语料,进行先导性研究。两套教材均为 12 册,学习时限均为 6 年。《小学华文》的字数为16万,《中文》的字数为20万,体量大体相当,有一定的可比性。两套教材的基本信息见表 37-1。

表 37-1 《小学华文》和《中文》的基本信息

教材名称	总册数	总字频	总词频	动词词频	兼语动词词频
《小学华文》	12	159 999	56 842	14 665	375
《中文》	12	203 894	71 653	17 442	504

37.1.2 兼语动词的分类和使用频率

统计对象是《汉语水平词汇与汉字等级大纲》中可以充当兼语词组 V_1 的 102 个动词。统计结果显示，这些动词在两套教材中出现的情况虽不尽相同，但表现出相当的一致性。其中有 48 个（占 47%）动词在两套教材中作为兼语动词使用，只做普通谓语动词或未出现的动词有 54 个（占 53%）。具体情况见表 37-2。

表 37-2　兼语动词分类及其在两套教材中出现的情况

主类型[①]	次类型	动词数量	兼语动词出现情况	
			《小学华文》与《中文》中出现的兼语动词	《小学华文》与《中文》中未出现的兼语动词
致使类	致使类	5	使、让₁、令、叫₂	导致
使令类	催逼类	7	逼、催、强迫、禁止、催促、促使	逼迫
	派遣类	18	让₂、叫₃、派、命令	派遣、差、委派、委任、安排、提拔、指使、指示、任命、打发、招呼、呼唤、分配、指定
	要求类	10	请、要、请求、邀请、要求、找	求、恳求、乞求、呼吁
	嘱托类	10	吩咐	委托、托、拜托、托付、嘱咐、叮嘱、警告、提醒、通知
	教导类	9	教、指挥	请教、教导、培养、指导、训练、辅导、说服
	鼓动类	11	劝、鼓励、利用、鼓舞、号召	组织、发动、动员、鼓动、支持、怂恿
	帮带类	18	带、帮、带领、陪、帮助、领、送、率领、介绍、引导、指引、协助、陪同、护送、扶	领导、搀、搀扶
	选举类	5	选	推举、推荐、提名、留

---

① 兼语式的分类主要参考张斌（2010），略做改动。

续表

主类型 [①]	次类型	动词数量	兼语动词出现情况	
			《小学华文》与《中文》中出现的兼语动词	《小学华文》与《中文》中未出现的兼语动词
称呼类	称呼类	7	称、称呼	认、追认、叫₁、当、封
有无类	有无类	2	有、没有	—

　　构成兼语词组的 48 个动词在《小学华文》和《中文》中出现的总次数分别为 375 次和 504 次，其中排名前 10 位兼语动词（占 20.8%）的使用次数分别达到了 307 次和 401 次，分别占兼语动词总使用次数的 81.9% 和 79.6%。而其他 38 个兼语动词（占 79.2%）的总使用次数只有 68 次和 103 次，占比分别为 18.1% 和 20.4%。出现了明显的二八分化现象。10 个高频兼语动词的平均使用次数分别为 30.7 次和 40.1 次，而 38 个低频兼语动词的平均使用次数分别只有 1.8 次和 2.7 次，且绝大部分未达到教学所需的输入量，不具备作为一个语法点进行专门教学的条件，只能依附于同类高频兼语动词进行伴随性学习。两套教材中使用频次居前 10 位的兼语动词见表 37-3。

表 37-3 《小学华文》和《中文》使用频次排名前 10 位的兼语动词

《小学华文》				《中文》			
序号	兼语动词	频次	次类型	序号	兼语动词	频次	次类型
1	有	87	有无类	1	有	120	有无类
2	让₂	56	派遣类	2	让₂	70	派遣类
3	请	39	要求类	3	使	61	致使类
4	带	37	帮带类	4	带	28	帮带类
5	让₁	32	致使类	5	让₁	27	致使类
6	派	13	派遣类	6	请	25	要求类
7	要	12	要求类	7	令	21	致使类

续表

《小学华文》				《中文》			
序号	兼语动词	频次	次类型	序号	兼语动词	频次	次类型
8	叫₃	11	派遣类	8	叫₃	17	派遣类
9	教	11	教导类	9	没有	17	有无类
10	陪	9	帮带类	10	派	15	派遣类

　　统计表 37-3 中各兼语动词的使用频次，得到使用频次最高的兼语动词排序为"有、让₂、带、请、使、让₁、派、叫₃、令、没有、要、教、陪"。将上述 13 个兼语动词按次类型归类，其中《小学华文》的高频次类型排序为：有无类＞派遣类＞要求类＞帮带类＞致使类＞教导类。《中文》的高频次类型排序为：有无类＞致使类＞派遣类＞帮带类＞要求类。两套教材排序的主要差别在于致使类兼语词组，原因在于两套教材中动词"使"和"令"的使用次数存在很大差异。在《小学华文》中，"使"只出现了 4 次，没有"令"做兼语动词的例子；而在《中文》中，"使"出现了 61 次，"令"出现了 21 次，而且大部分出现在 5～6 年级的书面语中。在《小学华文》中，"让₁"的使用频次为 32 次，高于《中文》的 27 次，大多出现在口语中。可见，致使类兼语动词受语体影响很大，口语中多用"让₁"，书面语中常用"使"和"令"。除致使类外，其他几个次类型的排序十分接近，只是要求类和带领类的顺序颠倒。

　　除上述六个次类型外，称呼类、嘱托类、鼓动类和催逼类的频率都很低，尤其是称呼类只出现了 2～3 次，嘱托类只出现了 1 次，不应作为初级语法教学项目。至于鼓动类和催逼类，因用法与派遣类接近，不应该单独教学，与派遣类合并教学为宜。

　　如以兼语句的四个主类型为统计对象，使用频率最高的是使令类，相关动词有"让₂、请、带、派、要、叫₃、教、陪"等 8 个，其次是有无类，相关动词有"有、没有"2 个，再次是致使类，相关动词有"让₁、使、令"等 3 个，称呼类使用频率极低，两套教材都仅出现了 3 次。

以上统计结果显示，各类兼语句使用频率存在很大差异，其中使令类兼语句使用频率最高，教学价值最大，其次是有无类兼语句，致使类兼语句排名第三，称呼类兼语句的使用频率很低，教学意义不大。

37.2 各类兼语词组在不同年级教材中的分布情况

考察各类兼语词组出现的先后顺序和分布对我们安排教学顺序十分重要。考察兼语动词 V_1 在两套教材中的分布情况，我们发现不同年级的兼语动词使用频率既有共性，也有差异。结果见表 37-4、37-5。

表 37-4 《小学华文》各类兼语词组在各年级的频率分布

序号	次类型	《小学华文》1	《小学华文》2	《小学华文》3	《小学华文》4	《小学华文》5	《小学华文》6	总计
1	有无类	1	18	22	19	22	19	101
2	派遣类	0	18	14	11	14	31	88
3	帮带类	1	10	13	20	7	17	68
4	要求类	5	16	12	13	8	11	65
5	致使类	2	6	11	8	14	8	49
6	教导类	1	2	2	4	1	1	11
7	鼓动类	0	0	1	3	1	0	5
8	催逼类	1	0	0	2	1	1	5
9	称呼类	0	0	0	0	2	0	2
10	嘱托类	0	0	0	0	0	1	1
11	选举类	0	0	0	0	0	1	1

表 37-5 《中文》各类兼语词组在各年级的频率分布

序号	次类型	《中文》1、2	《中文》3、4	《中文》5、6	《中文》7、8	《中文》9、10	《中文》11、12	总计
1	有无类	2	8	21	26	40	40	137

序号	次类型	《中文》1、2	《中文》3、4	《中文》5、6	《中文》7、8	《中文》9、10	《中文》11、12	总计
2	致使类	0	2	6	19	29	54	110
3	派遣类	0	10	11	12	31	37	101
4	帮带类	0	3	6	15	22	21	67
5	要求类	2	3	2	9	7	17	40
6	鼓动类	0	0	1	0	2	8	11
7	教导类	1	0	2	3	1	3	10
8	催逼类	0	0	0	0	0	6	6
9	称呼类	0	0	1	0	0	2	3
10	嘱托类	0	0	0	0	1	0	1
11	选举类	0	0	0	0	0	0	0

整体而言，两套教材中兼语词组的使用都有随年级的提升逐步增加的趋势。一年级教材（《小学华文》1，《中文》1、2），兼语词组的出现频率都很低，《小学华文》共出现 11 次，其中出现时间和频率占优的依次是要求类（5 次）、致使类（2 次）、有无类（1 次）、帮带类（1 次）、教导类（1 次）和催逼类（1 次）。《中文》一年级教材中兼语词组的出现次数更少，只有 5 次，分别是有无类（2 次）、要求类（2 次）、教导类（1 次），其他类别均未出现。

二年级教材（《小学华文》2，《中文》3、4）中，有 6 类兼语词组的使用频率开始增加，其中《小学华文》出现频率的高低顺序依次为有无类（18 次）、派遣类（18 次）、要求类（16 次）、帮带类（10 次）、致使类（6 次）和教导类（2 次）。《中文》的情况基本相同，但总频率低于《小学华文》，依次为派遣类（10 次）、有无类（8 次）、帮带类（3 次）、要求类（3 次）和致使类（2 次）。其中，有无类和派遣类已经具备了进行显性教学的频率条件，要求类和帮带类也初步具备了教学条件，致使类的教学条件尚不充分。其他类别的兼语词组依旧不出现或只零星出现。

三年级教材（《小学华文》3，《中文》5、6）中，有无类兼语词组和派遣类兼语词组的使用频率继续领先，《小学华文》累积频率分别达到了 41 次和 32 次，《中文》的累积频率也分别达到了 31 次和 21 次，学生的输入量已经十分充足，掌握这两类兼语词组的客观条件已经完全具备，只要教学得当，学生应该可以顺利掌握这两类兼语词组。要求类和帮带类在《小学华文》和《中文》中的出现频率产生差异，在《小学华文》中的累积频率分别达到 33 次和 24 次，学生掌握问题不大，在《中文》中的累积频率偏低，只有 7 次和 9 次，刚刚达到显性教学的基本要求。这说明要求类兼语词组和帮带类兼语词组的教学时间安排在二年级下学期到三年级上学期之间都是合适的。致使类兼语词组在三年级已接近或达到饱和学习量，在《小学华文》和《中文》中的累积频率分别是 19 次和 8 次，这说明致使类兼语词组的教学最早应该在三年级上学期进行。其他六类兼语词组的出现次数依旧很少，达不到教学所需的频率要求。

在四到六年级，上述前五类兼语词组的使用频率继续增加，为巩固前期所学提供了良好的例句支持。其中，致使类兼语词组在《中文》中的使用频率出现大幅度上涨的情况，增幅为 102 次，累积频率达到 110 次，其增幅远超过《小学华文》的 30 次。通过对两套教材的内容分析，我们发现造成这种差异的主要原因是教材的体裁和内容，致使类兼语词组大多出现在议论类或论说类的文本中，在故事性文本中的使用频率较低。由于《小学华文》中议论文和说明文的数量很少，因此致使类兼语词组的出现频率也就较低。其他六类兼语词组的使用频率依旧很低，除了教导类达到 10 次以上，鼓动类部分达到 10 次以上（在《中文》中达到 11 次，在《小学华文》中只有 5 次）外，其他四类均未达到教学所需的频率要求。

综上所述，十一类兼语词组中只有五类有条件安排显性教学，教学时间分别是二年级上学期教有无类和派遣类兼语词组，二年级下学期教要求类和帮带类兼语词组，三年级上学期教致使类兼语词组。其他六类不需要专门安排教学任务，可以与其他类型合并教学。

38. 兼语句应该什么时候教？如何安排教学顺序？

　　兼语句是一种形式特征明显、内部语义结构复杂的特殊句式，其特殊主要表现在两个方面：一方面，兼语句是复杂谓语句，内部结构较简单谓语句复杂，而且它与其他句式，如连谓句、主谓词组做宾语句、双宾语句形式类似，不容易分辨，因此学生在学习这种句式时容易产生偏误；另一方面，兼语句内部小类很多，涉及的动词数量不少，这些都会影响到教学的安排。例如，有无类兼语句的前段 $N_1 + V_1 + N_2$ 既可以表领有，也可以表存现，难度等级不同。我们在教这类兼语句时就不能不考虑学生是否具备存现句先备知识的问题，教学时机不同，教学效果也会不一样。再比如，使令类兼语句涉及的动词非常多，内部小类之间在用法上也存在细微的差别，教师在教这类兼语句时就会面对选择问题。目前，兼语句的教学顺序是教材预先设定的，教师处于被动位置。教材能否根据兼语句的特点和规律合理安排教学顺序，对教学效果影响很大。

　　那么，如何筛选兼语句的教学内容，安排教学顺序呢？首先要考量的是兼语动词的使用频率和难易度，使用频率高的要先教，动词难度等级低的可考虑先教；其次考虑格式的难易度，例如，致使类兼语句的主语多半是中性主语，不同于使令类兼语句的施事主语，学生掌握起来比较困难，教学上就应该延后处理。下面我们以"让"和"使"为例，谈谈如何安排教学顺序。

　　我们首先看"让"和"使"的词类和句式分布情况。"让"的常用用法有五种，分别是致使类兼语句中表导致、致使的"让₁"，使令类兼语句中表派遣、命令的"让₂"和使令类兼语句中表许可、容许的"让₃"，另外还有作为一般动作动词的"让₄"，以及作为介词在被动句中使用的"让₅"。"使"的用法比较单一（难度却不低），一般作为表反向致使义的动词用于兼语句中。从使用范围看，"让"的使用范围更广，意义也更丰富，而且"让"的用法中包括了"使"的用法，因此先教"让"的价值比较高。其次看使用频率，统计频率应该以二语教材为依据，而不是母语教材。我们以《小学华文》和《中文》为样本，针对兼语动词"让"和"使"的数量与分布情况进行统计。统计结果见表 38-1、表 38-2。

表 38-1 "让""使"在《小学华文》中的数量与分布情况

动词	1 册	2 册	3 册	4 册	5 册	6 册	总计
让₁	1	3	5	4	12	7	32
让₂	0	16	9	8	11	12	56
让₃	0	2	2	1	2	3	10
使	0	0	1	0	2	1	4

表 38-2 "让""使"在《中文》中的数量与分布情况

动词	1、2 册	3、4 册	5、6 册	7、8 册	9、10 册	11、12 册	总计
让₁	0	2	2	6	10	7	27
让₂	0	7	10	11	13	29	70
让₃	0	2	3	2	2	4	13
使	0	0	3	9	9	40	61

比较表 38-1 和表 38-2 可知，"使"在两套教材中的使用频率相差很大，《小学华文》中只出现了 4 次，而《中文》中却出现了 61 次，是《小学华文》的 15 倍。从出现的时间上看，"使"在《中文》中开始出现的时间是 5、6 册，也就是学习的第三年，四、五年级有所增加，但增幅不明显，6 年级才骤增。结合课文内容分析发现，动词"使"的使用与否受文体类型的影响很大，书面语体，尤其是新闻和政论体中大量使用了"使"字兼语句，口语语体中的使用频率则很低。与"使"相反，口语语体中使用"让₁"的频率则较高。《小学华文》中几乎不用"使"，在很大程度上验证了这种倾向。"让₁"在两套教材中都出现得很早，但前三年出现频率不高，后三年才持续增加，《小学华文》中总计出现 32 次，《中文》则少些，有 27 次。从"让"和"使"在词汇大纲中的等

级看，"让"是甲级词，"使"是乙级词；从兼语句的其他构成要素来看，"使"字句主语 N_1 的难度比"让$_1$"字句高，V_2 的难度两者相当。因此，无论从技能训练、构成要素的难易度，还是使用频率方面考量，"让$_1$"的教学都应该早于"使"，"让$_1$"的教学可以安排在二三年级间进行，"使"的教学则可推迟到三四年级间进行。

接下来我们讨论"让$_1$""让$_2$"和"让$_3$"的教学顺序。从难易度看，"让$_2$"和"让$_3$"在致使事件段的主语是施事、宾语是受事，与一般动词谓语句的语序一致，加上受使事件段一般也是一个陈述句，学生理解起来并不困难。"让$_1$"的主语不是施事，而是导致 N_2 产生状态变化的中性成分，致使事件与受使事件存在因果关系。这些非常规的语序和特殊的限制条件，都增加了学习难度，教学准备时间就需要相对长些。从使用频率和它们在教材中出现的时间看，"让$_2$"比"让$_1$"和"让$_3$"具有明显优势，因此"让$_2$"的教学安排应该早于"让$_1$"，大约二年级就可以教"让$_2$"。"让$_3$"的使用频率较低，但是与"让$_2$"在用法上高度一致，只是在意义和致使强度上有所不同，可以灵活处理。综上所述，各类"让"和"使"的教学顺序和时间点如下：

"让$_2$"（教学时间为二年级）>"让$_1$"（教学时间为二三年级间）>"使"（教学时间为三四年级间）。"让$_3$"采用随机教学方式，只要能结合"让$_2$"进行教学就算是合理的。

为了全面掌握兼语句的使用频率、难易度，制订相对合理的教学顺序，我们依据饱和输入时间、兼语动词的等级、相关构成要素 N_1 和 V_2 的难度级别、兼语动词非兼语用法的使用情况，结合各类兼语动词的使用频率，对两套教材的 11 类 48 个兼语动词进行系统性的统计和排序，确定各类兼语句的合理教学时间，结果见下页表38-3。

表 38-3　各类兼语句的频度和难易度数值 [1]

语义类	V_1 动词的等级	V_1 达到饱和学习时间	V_1 非兼语义达到饱和学习时间	V_2 动词的等级	V_2 动词共现成分的复杂度	N_1 的复杂度	平均分
有无类	1.00	2.00	1.00	1.52	0.98	1.89	1.40
派遣类	1.25	2.00	3.00	1.40	1.87	1.42	1.82
帮带类	2.21	2.50	2.00	1.69	1.42	1.67	1.64
要求类	1.33	2.00	1.00	1.44	1.31	1.51	1.43
致使类	1.75	4.00	5.00	2.08	1.26	2.56	2.78

　　表 38-3 显示，有无类和要求类的平均得分最低，对应的教材是第 3 册，帮带类和派遣类的教学安排在第 4 册，致使类最晚，对应的教学年级是第 5 册左右。其他六类使用频率都很低，没有统计意义，建议并入上述相关类中进行处理。教导类和嘱托类并入要求类，鼓动类和催逼类并入派遣类，称呼类和选举类有自己的特点，建议单独处理，可以采用固定格式的方式进行教学，教学时间依据教材的具体情况灵活处理，不强求一致。

　　最后，我们再通过使用频率选出各类兼语句中优先教学的动词，有无类——有、没（有），要求类——请、要，帮带类——带、帮、带领，派遣类——让 $_2$、叫 $_3$、派，致使类——让 $_1$、使、令，教导类——教。这 14 个兼语动词的使用频率占所有 48 个兼语动词的 85%～88%，应该在教学中重点处理。

　　我们基于使用频率和结构难易度的分析结果，与《汉语水平等级标准与语法等级大纲》对兼语句式的语法等级划分大致相同，与周文华（2009）、肖奚强（2017）基于学习者偏误分析的兼语句式定级水平存在差异。周文华（2009）将

---

① 我们设定了六个指标对兼语句的主要构成要素进行统计，包括：

　　指标一：动词 V_1 的词汇难度等级，依据《汉语水平词汇与汉字等级大纲》分为 1～5 级，对应甲级词、乙级词、丙级词、丁级词和超纲词。

　　指标二：动词 V_1 在教材中达到饱和学习量（10 次）的年级，分为 1～6 年级。

　　指标三：动词 V_1 作为一般动词在教材中达到饱和学习量（10 次）的年级，分为 1～6 级。

　　指标四：动词 V_2 的词汇难度等级，同指标一，分为 1～5 级。

　　指标五：动词 V_2 共现成分的语法难度等级，依据《汉语水平等级标准与语法等级大纲》，分为 1～7 级。

　　指标六：N_1 的词汇难度等级和语法难度等级，词汇难度等级参照指标一，语法难度等级参照指标五，取两者中的高者标注。

兼语句式分为 6 类，分别是要求类、派遣类、培养类、陪同类、有无类和称呼类，将难度最高的反向致使类归入要求类，这种分类法可能存在问题。因为要求类兼语句是难度级别最低的次类别，而致使类却是兼语句中最难的，两类合并，无疑对准确判定致使类兼语句的难易度产生了影响。肖奚强（2017）的 3 大类、6 小类分类法与周文华（2009）相似，他也将所有兼语句式都定为初级语法，这显然与我们统计的兼语次类在两套教材中的使用频率分布和结构难易度的结果存在差异。我们认为，相较于其他类别的兼语类型，致使类的难度较高，而且"使"字句出现的时间也较晚。称呼类的使用频率很低，在两套教材中，"称……为"格式各出现了三次，但初级阶段没有出现过这类句子，因此将它们定为中高级语法点也许更合理些。另外，我们认为有无类兼语句也应该一分为二，表领有义的可以先教，表存在义的应该放到存现句后教。

有关兼语的习得与偏误研究不少，但研究对象比较分散，研究方法也比较陈旧，至今仍没有获得有说服力的研究成果。例如，一线教师普遍认为兼语句较难，学生偏误率较高，但偏误分析的结果却显示这类句式的偏误率较低，这是由于学生采取了回避的策略，还是研究设计上不尽合理，还需要深入探讨。语言事实告诉我们，兼语句是一个内部结构复杂、类型多样、涉及动词数量很多的特殊句式，如果我们仅仅凭借少数动词的使用情况就判定整个句型的难易度，显然是不够客观准确的。

39. 不同类型兼语句的难点在哪里？

39.1 影响兼语句习得难度的因素

兼语句是由两个主谓词组套叠而成的，其中前一个词组是由兼语动词做谓语，后一个主谓词组的谓语中心语可能是动词，也可能是形容词或名词。兼语句习得的难易度是由以下几个因素决定的：

1. 兼语动词 V_1 的词汇等级。不同类型的兼语句内部包括一定数量的兼语动词，它们的平均词汇等级代表该类兼语动词的平均难度等级。

2. 后一个主谓词组，尤其是 V_2 部分的复杂度。如果 V_2 由单一动词充当，其词汇等级普遍较低，则难度等级也相对较低；如果 V_2 由其他词类充当，其复杂度将增强，难度等级也相应提高。

3. 大主语 N_1 的复杂度。兼语句的主语 N_1 通常是表人的名词、代词或词组，如果有些兼语句要求由其他词性的词语充当主语，那么复杂度就会增强，难度也将提升。

4. 兼语 N_2 的复杂度。兼语句的 N_2 通常是 V_2 的主体，由表人的名词、代词或词组充当。有时，其他类型的词语也能充当 N_2，这种变化将影响 N_2 的难度。

将上述四个因素的难度级别进行量化处理，分出 1～5 级，其中 1 为最容易，5 为最难，并以此为标准对教材中的兼语句进行难易度分析，统计对象是《小学华文》和《中文》。

39.2 统计结果分析

我们以《小学华文》和《中文》为统计对象，对其中所有兼语句的 N_1、V_1、N_2 和 V_2 的词汇等级和共现成分的复杂度进行分级和标注，计算出不同类型兼语句的平均难度等级。结果显示，要求类和有无类兼语句最容易，其次是派遣类和帮带类，最难的是致使类。前四类可以列为初级阶段的教学内容，最后一类列为中级阶段的教学内容比较合适。

39.3 各类兼语句的难度表现

39.3.1 有无类兼语句的难度表现

有无类兼语句的难点主要表现在两个方面：

39.3.1.1 兼语动词的意义不同

有无类兼语句的 V_1 由"有、没有、无"等少数几个动词充当，基本上都是甲级词，动词的难度级别很低。但是，由于这类动词在构成兼语句时的意义不同，给这类兼语句的学习造成了一定困难。根据 V_1 的语义，这类兼语句又分为两个次类别，一类是表领有义的有无类兼语句，另一类是表存在义的有无类兼语句。

这两次类兼语句的结构和功能不同。表领有的兼语句的前一个表述是引出对象，后一个表述是对这个对象的介绍和说明。例如：

（1）国王有两匹骏马，跑起来快如闪电。（《小学华文》6 上）

（2）亚里士多德有一个仆人，非常懒惰。（《中文》第 10 册）

这类兼语句难度级别不高，一般可以拆分为前后两个句子，前句是表领有关系的"有"字句，后句是动词谓语句或形容词谓语句。例如：

（1a）国王有两匹骏马。 它们跑起来快如闪电。

（2a）亚里士多德有一个仆人。他非常懒惰。

表存在义的兼语句的前一个表述是介绍某处存在着某个人或物，通常是一个带"有、没有"的存现词组，后一个表述是对该存在物的介绍和说明。例如：

（3）从前，有一个小孩子，叫司马光。（《小学华文》2 下）

（4）课本里有很多课文值得我们好好学习。（《小学华文》5 下）

（5）舞台上有位小丑叔叔正骑着一辆脚踏车在表演魔术。（《中文》第 7 册）

这类兼语句也可以拆为两个句子，前句是存现句，后句是动词谓语句或形容词谓语句。例如：

（3a）从前，有一个小孩子。他叫司马光。

（4a）课本里有很多课文。它们值得我们好好学习。

（5a）舞台上有位小丑叔叔。小丑叔叔正骑着一辆脚踏车在表演魔术。

表存在的"有"字句比表领有的"有"字句难。

39.3.1.2 有无类兼语句 N_1 的类型多样

第一种情况是 N_1 是领有者，通常由表人的名词或代词充当，N_2 是领有对象，如例（1）和例（2）。这类兼语句很容易学，学生只要掌握了表领有的"有"字句和动词谓语句、形容词谓语句，学习这类兼语句通常不会遇到什么困难，是应该最先教的兼语句。

第二种情况是 N_1 是处所名词或方位词组，N_2 表存在物，如例（4）和例（5）。这类兼语句要求学生有存现句的先备知识，而存现句是汉语的特殊句式，学生学起来有一定的难度。

第三种情况是大主语 N_1 不出现，由 V_1 直接引出领属对象或存在物，如例

（3）。这类句子的特点是大主语 N_1 不出现，也不能补出来，如果强行补出主语，整个句子反而不自然。

39.3.2 要求类兼语句的难度表现

要求类兼语句的学习难度不高。首先，它的大主语 N_1 和兼语 N_2 一般都是由表人或机构的名词、代词或名词性词组充当，与一般动词谓语句的用法一致。其次，兼语动词 V_1 是由意义比较客气的"请、请求、要求、邀请"等动词充当，这些动词的使令意味较弱，词汇难度等级较低，学生掌握起来没有太大困难。要求类兼语句的难点主要表现在以下两个方面：

39.3.2.1 动态助词的使用

要求类兼语句的 V_1 和 V_2 后面都可以加上动态助词表时态，但有一定的选择性。如果是一般性的陈述事实，要求类兼语句一般不加动态助词，如例（6）。如果要强调使令行为已经完成或曾经发生，可以在 V_1 后面加上"了"或"过"，但一般不用"着"表正在进行的时态。例（6）在邀请后面可以加上"了"，表示动作完成；例（7）中"请"后面的"了"可以省略，句子依然成立。

（6）国王举行舞会，邀请全国的姑娘们参加。（《中文》第 10 册）

（7）有个财主，看到三个儿子不务正业，便请了一位老师来教他们写文章。（《小学华文》6 下）

如果要强调 V_2 的时间状态，则可以根据需要，在 V_2 后加"着、了、过"。例如：

（8）父亲不让他上学了，要他跟着自己学做生意。（《中文》第 10 册）

（9）我请他写了一个纸条交给校长。

（10）小于的妈妈曾经请她照顾过孩子。

动态助词的隐现和选择是要求类兼语句的难点之一。

39.3.2.2 否定形式多样

1. V_1 的否定形式。

要求类兼语句的 V_1 有三种否定形式，分别是"不""没（没有）"和"别"。例如：

（11）你请他做报告。

（11a）你不请他做报告。

（11b）你没请他做报告。

（11c）你别请他做报告。

2. V_2 的否定形式。

要求类兼语句 V_2 的否定形式是"别""不要"。例如：

（12）妈妈要求孩子别出门。

（13）我请求老师不要把今天发生的事告诉别人。

39.3.2.3 与敬辞"请"的混淆

要求类兼语句中的 V_1 "请"与敬辞"请"有时难以区分，尤其是当兼语句的 N_1 省略时，学生有时会不加区别地混用。例如：

（14）请您常来做客呀。

（15）请他给我们演讲。

例（14）的"请"是敬辞，例（15）的"请"是兼语动词。表敬辞的"请"常常可以省去，省略后句意基本不变；如果删去兼语动词"请"，句意则会改变。

39.3.3 派遣类兼语句的难度表现

派遣类兼语句是使令类兼语句的小类之一，能在派遣类兼语句中充当 V_1 的使令动词虽然很多，如"叫$_3$、让$_2$、派、派遣、差、委派、委任、安排、命令、提拔、指使、指示、任命、打发、招呼、呼唤、分配"等，但实际上能以兼语动词形式出现在兼语句中的却十分有限，在两套教材中都出现的只有"叫$_3$、让$_2$、派、命令"四个，其中使用频率最高的是"让$_2$"，其次是"叫$_3$""派"，"命令"的使用频率较低。派遣类兼语句属于难度等级较低的一类，其难度主要表现在与致使类兼语句混淆。

从构式意义看，派遣类兼语句是使令者通过派遣性言行促使使令对象出现后续行动。其中使令者 N_1 要求是具有自主性的人或机构，使令对象 N_2 也要求是具有自主行动能力的人、机构或事物，使令方式多为命令、派遣等强制性行为，V_2 是 N_2 接受指令后的有目的的后续行动。例如：

（16）一名警察吹着哨子跑过来，命令所有的车子都停下。（《小学华文》4上）

（17）弦高叫人把牛牵到路上，挡住了他们。（《小学华文》6下）

（18）皇帝就让他负责皇城宫殿的建筑设计。（《中文》第11册）

（19）有个边远地区的官员，派了一个人带着一只白天鹅去献给皇帝。（《中文》第10册）

教师在对兼语句进行归类和讲解时，如果未将致使类兼语句与使令类兼语句进行细致的区分，会造成学习者误以为两者是一样的，可以相互替换，因此出现错误。例如：

（16a）*一名警察吹着哨子跑过来，使所有的车子都停下。

（17a）*弦高使人把牛牵到路上，挡住了他们。

（18a）*皇帝就使他负责皇城宫殿的建筑设计。

（19a）*有个边远地区的官员，使了一个人带着一只白天鹅去献给皇帝。

39.3.4 帮带类兼语句的难度表现

帮带类兼语句是使令类兼语句的小类之一，这类兼语句中充当 V_1 的使令动词较多，主要有"带、带领、帮、帮助、陪、扶、送"等。这些动词虽然都包含"伴随"的语义特征，但内部还是存在差异的。这类兼语句的难点表现在：

39.3.4.1 内部结构复杂

帮带类兼语句的内部结构比较复杂，既可以构成兼语句，也可以构成连谓句，还可以构成兼语连谓融合句。例如：

（20）您能帮我实现这个愿望吗？（《小学华文》4上）（兼语句）

（21）有一次，他带着牛群到外地做买卖。（《小学华文》6下）（连谓句）

（22）星期天，妈妈带我去爬山。（《小学华文》6下）（兼语连谓融合句）

例（20）中，"实现愿望"的主体是"我"，不是"您"，所以是兼语句；例（21）中，"到外地做买卖"的主体是"他"，不是"牛群"，是连谓句；例（22）中，"去爬山"的主体既可以是"妈妈"，也可以是"我"，是兼语连谓融合句。

39.3.4.2 动态助词的使用特殊

由于帮带类兼语动词含有"伴随"的语义特征，所以常常可以与动态助词"着"连用。例如：

（23）整整一个暑假，查理每天都陪着杰西在草地上玩。（《小学华文》4下）

（24）青年人扶着老叔父来听演讲。（《中文》第 11 册）

39.3.5 致使类兼语句的难度表现

39.3.5.1 致使类兼语句的构式意义特殊

致使类兼语动词"使、让$_1$、叫$_2$"含"导致"的意思，它表达出反向的致使关系，与使令类兼语动词"让$_2$、叫$_3$"表达正向的驱使关系不同，致使类兼语句的构式意义很特殊，强调由于 N_1 的存在或出现导致了 N_2 发生变化或出现后续行为。在致使类兼语句的语块链中，N_1 为致使原因，V_1 表示致使关系，N_2 是致使对象，V_2 表示致使结果。例如：

（25）工厂排出的废水毒害了我们，使我们的根腐烂了。（《小学华文》5 上）

（26）这场病使他失去了行走的能力。（《中文》第 7 册）

由"让$_2$、叫$_3$"构成的使令类兼语句，其构式意义是行为主体通过使令方式促使另一行为主体做出某种行为。在使令类兼语句的语块链中，N_1 为使令者，V_1 表示使令方式，N_2 是使令对象，V_2 表示使令内容。例如：

（27）弦高叫人把牛牵到路上，挡住了他们。（《小学华文》6 下）

（28）皇帝让他负责皇城宫殿的建筑设计。（《中文》第 11 册）

致使类兼语句与因果复句存在转换关系，多数致使类兼语句可以转换为因果复句，但是使令类兼语句不存在这种转换关系。例如：

（25a）因为工厂排出的废水毒害了我们，所以我们的根腐烂了。

（26a）因为这场病，所以他失去了行走的能力。

39.3.5.2 致使类兼语句的 N_1 特殊

使令类兼语句的 N_1 是促使 N_2 采取某种后续行动的使令者，而致使类兼语句的 N_1 是导致 N_2 产生某种变化或被迫采取某种行为的内外在因素。前者的 N_1 是主动的行为主体，后者的 N_1 则是客观的事实、环境或条件。这是致使类兼语句的大主语 N_1 区别于其他类型兼语句 N_1 的最显著特征。

李大忠（1996b）认为致使类兼语句的"大主语都是给小主语提供一种环境、条件，或者对小主语提出一种客观要求，这种环境、条件或要求就使小主语应该或不得不做某事，有必要或有可能做某事"。

主语 N_1 以无生命的名词、动词、形容词居多，而第二个谓语常常是表感知、心理活动的动词（即带小句宾语的动词）、不及物动词（包括不带受事宾语的动词）、形容词等。例如：

（29）他谦虚好学的精神实在令人感动。（《中文》第 9 册）

（30）显微镜的发明，则让我们能够看到肉眼看不到的东西。（《中文》第 6 册）

（31）我能吃掉地下的垃圾，再把它变成肥料，让植物长得更茂盛。（《小学华文》3 下）

（32）回声也是清脆的，叫人听了就会忘记疲劳和忧愁。（《中文》第 12 册）

例（29）～（32）中的 N_1 都不是有生命的施动者，而是具体或抽象的事物或行为。因此，了解致使类兼语句 N_1 的特殊性，对教授这类兼语句十分重要。

40. 如何安排有无类兼语句的教学顺序？

兼语句类型多样，难易度存在差异，在教学上不可能毕其功于一役，必须分散处理，安排在不同的教学阶段。有无类兼语句是所有兼语句中难度级别较低、用法比较简单的一类，也是应该最早进行显性教学的兼语句之一。但是，有无类兼语句内部用法不同，存在难易度差异，应该如何安排教学顺序，何时实施教学，这是教材编写和教学设计中应该思考的问题。

40.1 教学大纲中有无类兼语句的等级设置

考察现有的对外汉语教学语法大纲，发现对有无类兼语句的等级设置存在分歧。杨寄洲主编的《对外汉语教学初级阶段教学大纲》只列入了表指使义的兼语句，未将有无类兼语句列入其中；王还的《对外汉语教学语法大纲》列出了包括有无类兼语句在内的八种兼语句，但未进行等级划分；《汉语水平等级标准与语法等级大纲》将兼语句分为甲、乙、丙三级，使令类、爱恨类、选定类和有无类被列为甲级语法点；《高等学校外国留学生汉语言专业教学大纲》将兼语句列为本科一、二年级必学的语法点，其中使令类、有无类和无主语兼语类被列为一年级的语法教学项目，其他五类被安排在二年级学习。综上所述，大部分学者认同将有无类兼语句单独设类，安排在初级阶段进行教学。

40.2 有无类兼语句的再分类

有无类兼语句分为表领有义和表存在义两个次类。这两类句子的用法不同，使用频率和难易度也不一样，是否需要分开教学是一个值得讨论的问题。杨寄洲在《对外汉语教学初级阶段语法项目的排序问题》中说明"有"字句的编排顺序时，认为表领有的"有"字句必须出现在表存在的"有"字句之前。但是，我们所见到的大纲和教材都未对此进行差异化处理。如王还的《对外汉语教学语法大纲》列出了有无类兼语句，但未区分表领有义的兼语句和表存在义的兼语句。刘珣主编的《新实用汉语课本》在教导有无类兼语句时，英文注释是这样描述的：

兼语句（2）Pivotal sentences（2）

The verb "有" can be used to form a pivotal sentence. Here, the object of "有", usually denoting a person or a thing that exists, also functions as the subject of the second verb. This kind of sentence often has no subject of the whole sentence.

《新实用汉语课本》中对"兼语句（2）"的注释及示例见表 40-1。

表 40-1　《新实用汉语课本》中对"兼语句（2）"的注释及示例

Subject	Predicate				
	V_1 "有"	O_1	(S_2)	V_2	O_2
	有		人	敲	门。
	有	多少	人	参加	比赛?
	（没）有		人	给你　打	电话。
	有	几个	朋友	想去	旅游。
黄山	有	一棵	树	叫作	"迎客松"。

在此，《新实用汉语课本》只是强调有无类兼语句常常没有主语，并未针对带主语的有无类兼语句进行解释，更没有对 N_1 的内部差异做出说明。

从有无类兼语句的特点分析，表领有义的兼语句与表存在义的兼语句用法不同，语用功能差异较大，分类教学是较为合理的选择，教学的顺序和时间安排也应有所不同。从现有语法大纲的编排看，通常先教表领有的"有"字句，再教表存在的存现句，这是否意味着表领有义的兼语句的教学应该在前，表存在义的兼语句应该在后呢？《新实用汉语课本》的教学安排显示，无主语的存在义兼语句是被优先教授的。邓懿等编的《汉语初级教程》在教导无主兼语式时也是采用相同的教学安排，先教存在义兼语句，再教领有义兼语句。这样的教学设计的合理性，需要通过教材分析进行检验。

40.3 有无类兼语句在教材中的分布情况

我们以《小学华文》为对象，统计"有"字句和有无类兼语句在教材中的数量和分布情况，统计结果见表 40-2。

表 40-2　"有"字句和有无类兼语句在《小学华文》中的数量和分布情况

类型		年级						数量	占比
		一	二	三	四	五	六		
"有"字句（表领有）	主谓句	7	14	22	20	24	27	114	87%
	非主谓句	0	7	4	0	5	1	17	13%
"有"字句（表存在）	主谓句	4	13	14	16	17	27	91	81%
	非主谓句	2	4	4	8	2	2	22	19%
有无类兼语句（表领有）	主谓句	0	2	3	0	0	2	7	100%
	非主谓句	0	0	0	0	0	0	0	0
有无类兼语句（表存在）	主谓句	0	1	3	6	6	9	25	27%
	非主谓句	1	15	16	13	16	8	69	73%

40.3.1 "有"字句的使用情况

从表 40-2 可知：表领有义的"有"字句和表存在义的"有"字句使用频率相差不大，前者共计 131 句，其中主谓句 114 句，非主谓句 17 句，后者共计 113 句，其中主谓句 91 句，非主谓句 22 句，表领有义的"有"字句数量上稍微占优；从主谓句和非主谓句的比例看，表领有义的和表存在义的"有"字句中主谓句都占绝对优势（87%、81%），非主谓句占比都较低（13%、19%）；从年级分布看，主谓句从一到六年级呈现出数量递增的趋势，非主谓句则表现出随机出现的特征。

40.3.2 有无类兼语句的频率分布

上页表 40-2 显示：表领有义的有无类兼语句在数量上远低于表存在义的有无类兼语句，前者总共只有 7 句，且都是主谓句，后者总数达到 94 句，其中 73% 属于非主谓句，27% 属于主谓句。从分布看，领有义兼语句的年级分布没有什么规律，而且数量较少；存在义兼语句则不同，除一年级外，都保持了较高的使用频率。

40.4 有无类兼语句的教学顺序

从数量和分布看，我们认为应该先教表存在义的有无类兼语句，其中以非主谓句作为教学重点，同时兼顾主谓句，教学时间大致安排在二年级后半段，因为这时学生已经接触到不少这类兼语句的实例，有了一定的感性知识，具备了理性教学的外在条件。但是为了保证教学顺利进行，应将表存在义的"有"字句提前到二年级的前半段进行，目前一些教材也是这么处理的。例如，杨寄洲主编的《汉语教程》第一册第十五课就教了"有"字句，并同时教了表领有义和表存在义的两种用法。刘珣主编的《新实用汉语课本》做法相同，也是在第一册第八课教"有"字句时同时教领有义和存在义两种用法，这种在一课中同时安排两个相似语法点的教学设计是否合理可以再讨论，但作者将表存在义的"有"字句提前到第一册的语法教学设计中是值得肯定的。

从"有"字句的难易度和使用频率看，表领有义的有无类兼语句应该先于表存在义的兼语句进行教学，但教材实例并不支持这样的安排。比较实际的做法是灵活处理，只要教材内容支持，表领有义的有无类兼语句的使用频率达到教学需要时，就可以进行这类兼语句的语法教学，但最好不要将两种不同类型的有无类兼语句合并教学，这样才不会互相干扰，影响教学效果。

41. 使令类兼语句应该如何安排教学?

使令类兼语句是所有兼语句中次类型最丰富、兼语动词数量最多的一类。这类兼语句按照兼语动词的语义类不同可以分为派遣类、帮带类、要求类、教导类、鼓动类、催逼类、嘱托类、选举类、允让类 9 类。

41.1 使令类兼语动词在教材中的使用情况

使令类兼语句在二语教材中出现时间较早,使用频率也很高。但是,这 9 类兼语句在教材中的使用情况并不均衡,有些类型的使用频率很高、分布很广,有些类型的使用频率则很低,各类使令类兼语动词在《小学华文》和《中文》中的使用情况见表 41-1。

表 41-1 《小学华文》和《中文》中使令类兼语动词的使用情况

类型	《小学华文》		《中文》	
	兼语动词数量	动词举例	兼语动词数量	动词举例
派遣类	4	让$_2$、叫$_3$、派、命令	4	让$_2$、叫$_3$、派、命令
帮带类	10	带、帮、带领、陪、率领、领、送、扶、介绍、指引	13	带、帮、带领、帮助、陪同、率领、领、送、引导、协助、护送、扶、介绍
要求类	6	请、要、请求、邀请、找、要求	6	请、要、请求、邀请、找、要求
教导类	1	教	2	教、指挥
鼓动类	3	劝、鼓励、利用	5	劝、鼓励、利用、号召、鼓舞
催逼类	3	逼、催、催促	5	逼、促使、禁止、强迫、催
嘱托类	1	吩咐	1	吩咐
选举类	0	选	1	—

从兼语动词 V_1 的数量上看，《小学华文》和《中文》中帮带类兼语动词的数量最多，分别是 10 个和 13 个，平均 11.5 个；其次是要求类，都是 6 个；再次是派遣类、鼓动类和催逼类，平均为 4 个。教导类、嘱托类和选举类的兼语动词很少，平均为 1.5 个、1 个和 0.5 个。

从兼语动词的关联性看，两套教材中出现的使令类兼语动词一致性很强，两套教材同时出现的兼语动词有 25 个，分别占《小学华文》和《中文》使令类兼语动词的 86.2% 和 69.4%。其中派遣类、要求类、嘱托类兼语句中出现的兼语词完全一致，帮带类、教导类和鼓动类中大部分的动词是一致的。催逼类动词 V_1 在《中文》中出现的数量多于《小学华文》，而选举类兼语动词只在《小学华文》中出现，没有在《中文》中出现，算是例外。

同时出现在两套教材中的 25 个兼语动词是：

帮带类 8 个：带、帮、带领、率领、领、送、扶、介绍。

要求类 6 个：请、要、请求、邀请、找、要求。

派遣类 4 个：让₂、叫₃、派、命令。

鼓动类 3 个：劝、鼓励、利用。

催逼类 2 个：逼、催。

教导类 1 个：教。

嘱托类 1 个：吩咐。

上述 25 个兼语动词应该作为使令类兼语句的重点教学内容。

41.2 使令类兼语动词的使用频率和分布

以《小学华文》和《中文》两套教材中共有的 25 个常用使令类兼语动词为对象，统计它们在两套教材中的使用频次和年级分布情况，结果见下页表 41-2。

表 41-2　《小学华文》和《中文》中使令类兼语动词的使用频次和年级分布情况

序号	兼语类型	兼语动词	《小学华文》1	《小学华文》2	《小学华文》3	《小学华文》4	《小学华文》5	《小学华文》6	《中文》1、2	《中文》3、4	《中文》5、6	《中文》7、8	《中文》9、10	《中文》11、12
1	派遣类	让$_2$	0	16	9	8	11	12	0	7	10	11	13	29
2		叫$_3$	0	1	2	0	2	6	0	3	0	1	11	2
3		派	0	0	2	1	1	9	0	0	1	1	7	6
4		命令	0	1	1	2	0	4	0	0	0	0	0	2
5	帮带类	带	1	5	8	10	5	8	0	3	6	7	8	4
6		帮	0	1	0	1	0	5	1	2	0	4	3	4
7		带领	0	0	2	3	0	1	0	0	1	2	2	2
8		率领	0	0	0	1	0	0	0	0	0	1	3	1
9		领	0	0	0	1	0	0	0	0	0	0	1	2
10		送	0	4	0	0	0	0	0	0	1	0	1	1
11		扶	0	0	0	1	0	0	0	0	0	0	0	0
12		介绍	0	0	0	0	0	1	0	0	0	0	0	1
13	要求类	请	4	13	5	8	2	7	2	3	2	9	3	6
14		要	1	0	5	1	3	2	0	0	0	1	3	9
15		请求	0	0	1	0	1	0	0	0	0	2	0	0
16		邀请	0	1	0	1	2	0	0	0	0	0	1	1
17		找	0	2	1	3	0	1	0	0	0	0	0	1
18		要求	0	0	0	0	0	0	0	0	0	0	0	0
19	鼓动类	劝	0	0	0	2	0	0	0	0	0	0	1	3
20		鼓励	0	0	0	1	1	0	0	0	0	0	1	3
21		利用	0	0	1	0	0	0	0	0	0	0	0	1
22	催逼类	逼	0	0	0	1	1	0	0	0	0	0	0	2
23		催	0	0	0	0	0	0	0	0	0	0	0	1
24	教导类	教	1	2	2	4	1	1	1	0	2	1	1	3
25	嘱托类	吩咐	0	0	0	0	0	1	0	0	0	0	1	0

从语义类型看，派遣类兼语句的使用频率最高，在《小学华文》和《中

文》中的出现频次分别达到 88 次和 104 次。分布范围也较广，除了一年级外，其他年级均有出现；第二名是帮带类，在两套教材中出现的次数也分别高达58 次和 62 次；第三名是要求类，在《小学华文》和《中文》中的出现频次达到 65 次和 44 次，虽略低于帮带类，但个别动词出现的时间更早；第四名是教导类，这类兼语句只有一个常用动词"教"，"教"在《小学华文》中出现11 次，在《中文》中出现 8 次。鼓动类、催逼类和嘱托类兼语句在两套教材中出现得很少，最多 9 次，最少只有 1 次。

上述事实告诉我们，使令类兼语句的教学侧重点应该放在派遣类、帮带类和要求类上，教导类只要关注兼语动词"教"的用法即可。

从兼语动词的使用频率和分布看，"让₂、带、请"是使用频率最高且分布最广的兼语动词，其中"让₂"的使用频率最高，"带"和"请"的总频率很接近。这三个兼语动词分别对应派遣类、帮带类和要求类，是上述三类兼语句的典型动词。其他使用频率较高的动词还有派遣类的"叫₃"和"派"，请求类的"要"、帮带类的"帮"和教导类的"教"。其他兼语动词出现的次数都在 10 次以内，分布也比较零散，只能在教学中随机处理。

从上述分析可以大致得出一个比较明确的教学顺序。首先，使令类兼语句应该先教派遣类，教授时可选择的兼语动词包括"叫₃、让₂、派"等；其次教要求类，主要动词是"请"和"要"；再次教帮带类，主要动词包括"带"和"帮"；最后教教导类，这类兼语动词只有"教"一个。

如果考虑到使令类兼语句的共同特点和内部差异，我们也可以将这些小类进行相应的合并，把用法接近的类别进行合并教学。具体做法是将派遣类、要求类、教导类归为一类，将帮带类归为另一类。理由之一是帮带类包含"伴随性"的语义特征，与派遣类等的"指令性"特征不尽相同，如能单独教学，效果可能会更好些。至于其他类型的使令类兼语句则不需要专门安排教学任务，可以结合上述两类兼语句灵活处理。

最后，让我们来谈一下教学时机问题。目前，常见的几套初级汉语教材对使令类兼语句的教学安排不尽相同。李晓琪主编的《博雅汉语·初级起步篇》从第一课开始就对八种主要的特殊句型进行了讲解，但是其中并没有涉及兼语句。刘珣主编的《新实用汉语课本》，在第一册第十三课就开始教使令类兼语句（让$_2$、请、不让），教学时间是最早的。杨寄洲主编的《汉语教程》在第一册（下）第二十二课开始教授使令类兼语句（请、叫$_3$、让$_2$、派），比《新实用汉语课本》稍晚，但也安排在第一册。而邓懿等的《汉语初级教程》则将使令类兼语句推迟到第二册第四十六课才教授（请、让$_2$、叫$_3$）。从教材统计结果看，我们认为一年级教授使令类兼语句的条件并不十分成熟，主要理由是几个关键兼语动词"请、让$_2$、叫$_3$"构成兼语句的范例不足，两套教材都没有达到 5 次以上，有些动词甚至都没有出现兼语句的用法。而到了二年级，使令类兼语句的实例大量出现，这时候教学是比较合适的。

至于通过哪些动词教导使令类兼语句，《新实用汉语课本》《汉语教程》《汉语初级教程》几乎都用到了"请、让$_2$、叫$_3$"这三个使用频率最高的动词，这点与我们对《小学华文》和《中文》的统计结果相吻合。它也从另一个角度证明了将派遣类与要求类兼语句合并教学是可行的。

42. 如何安排致使类兼语句的教学顺序？

致使类兼语句是以兼语动词"使、让$_1$、叫$_2$、令、使得、导致"等做 V_1 所构成的兼语句。目前，现代汉语语法学界对这类兼语句的认识还存在分歧。有学者认为"使、让$_1$、叫$_2$、令"等是介词，不是动词，因此这类词语构成的句子不是兼语句。但大多数学者认为"使、让$_1$、叫$_2$、令"等是动词，由它们充当兼语动词 V_1 的句子是必带兼语 N_2 的兼语句，属于含致使义的致使类兼语句，与派遣类、要求类、帮带类、教导类、允让类等同属一大类。

近年来，随着学界对致使类兼语句研究的深入，有些学者认为致使类兼语句含有被动遭受或获得的意义，强调主体受到外在力量影响所产生的行为或状态变化。它与使令类兼语句在构式意义，N_1、N_2 和 V_2 的选择上都存在差异。简单归并不仅不利于揭示其内在规律，而且会给二语教学造成困难。因此，单独建类或许是更合理的选择。

　　对外汉语语法教学大纲对致使类兼语句的归类和定级也存在分歧。1996 年出版的《汉语水平等级标准与语法等级大纲》共收录了九类（不包括套用类）兼语句，分为三级，其中甲级四类（使令、爱恨、称谓认定和有无）、乙级两类（带"是"的无主兼语句、双宾兼语句）和丙级三类［致使类、"有＋兼语＋是＋……的"、主＋动＋兼语（间接宾语）＋直接宾语＋动词］。致使类兼语句被单独列为丙级语法点。但杨寄洲主编的《对外汉语教学初级阶段教学大纲》、孙瑞珍主编的《中高级对外汉语教学等级大纲》以及国家对外汉语教学领导小组办公室编写的《高等学校外国留学生汉语言专业教学大纲》都将致使类和使令类归为同一类，未加以区分。王还主编的《对外汉语教学语法大纲》列出了包括使令类兼语句在内的八种不同形式的兼语句，但唯独没有将致使类兼语句列入其中。

　　归类的歧见，造成了致使类兼语句定级的分歧。有些语法大纲将致使类兼语句和使令类兼语句都定为甲级语法点，有些语法大纲则将致使类兼语句定为乙级语法点。只有《汉语水平等级标准与语法等级大纲》将致使类兼语句定为丙级语法点。大纲的不同定类和定级在对外汉语教材中产生了连锁反应，出现了不同的教学安排。杨寄洲主编的《汉语教程》完全按照《对外汉语教学初级阶段教学大纲》的语法点设置，只在教材第一册第二十六课中安排了使令类兼语句，没有教致使类兼语句，只在第三册（下）第十九课教"使得"的用法时提及了这类表致使义兼语句的用法。表述如下：

　　使得（make, cause）

　　（计划、言语、说法、事物）引起一定的结果。必带兼语。

"使得" means that something (a plan, words, an expression, an event, etc.) results in a certain consequence. It must be followed by a clause.

　　（1）事后，同事的不满使得单位领导不得不重新考虑，我到底适合不适合继续在这儿工作。

　　（2）改革开放使得中国发生了很大的变化。

　　（3）一场大雨使得河水升高了很多。

　　（4）这次事故使得交通中断了两个多小时。

　　刘珣主编的《新实用汉语课本》在第一册到第六册共安排了六次不同的兼语句教学内容。包括第一册第十三课的使令类兼语句，第三册第三十一课的有无类兼语句，第四册第四十一课的连动兼语句、第四十七课的称选类兼语句、第四十九课的"是"字兼语句以及第六册第六十四课的双宾兼语句等。但唯独没有教授致使类兼语句。

由此可见，致使类兼语句在对外汉语教学中并未得到应有的重视，教师对这类兼语句的认识也不够深入。因此，当教学中遇到这类兼语句时，教师往往束手无策，导致习得困难，偏误率居高不下。

那么，应该如何安排致使类兼语句的教学呢？这里面包含两个关键性问题：第一个问题是致使类兼语句是否需要教，什么时候教；第二个问题是致使类兼语句怎么教最合适。

42.1 致使类兼语句的数量和分布

是否需要教致使类兼语句取决于这类兼语句的使用频率，如果使用频率很低，在教材中出现的机会很少，那么教学的意义不大，可让学生自然习得；反之，如果这类兼语句的使用频率很高，我们就应该在教材中安排教学内容，进行显性教学。至于什么时候教，则是时机选择问题，这涉及这类兼语句在教材中的分布情况，如果致使类兼语句出现的时间很早且数量很多，那就应该早教，反之就可以晚一点儿教。另一个考量因素是这类兼语句的难易度，以及与其他语法点的关联性。如果难度低就可以先教，反之就后教；如果它与其他语法点有关联，且关联语法点是教授这类兼语句的先备知识，那么它就应该安排在关联语法点后进行教学。《小学华文》和《中文》中致使类兼语句兼语动词"使、叫 $_2$、让 $_1$、令"的数量及分布情况见表 42-1。

表 42-1 《小学华文》和《中文》中"使、叫 $_2$、让 $_1$、令"的数量及分布情况

动词	HSK等级	《小学华文》1	《小学华文》2	《小学华文》3	《小学华文》4	《小学华文》5	《小学华文》6	《中文》1、2	《中文》3、4	《中文》5、6	《中文》7、8	《中文》9、10	《中文》11、12
使	乙	0	0	1	0	2	1	0	0	3	9	9	40
叫 $_2$	甲	0	0	0	0	0	0	0	0	0	0	0	1
让 $_1$	甲	1	3	5	4	12	7	0	2	2	6	10	7
令	丙	0	0	0	0	0	0	0	0	1	4	10	6

从上页表 42-1 可知，致使类兼语句的使用有以下两个特点：

第一，致使类兼语句的整体使用率不低，但是涉及的兼语动词比较集中。致使类兼语句在《小学华文》中共出现 36 次，在《中文》中出现的次数高达 110 次，说明这类兼语句是比较常见且重要的。两套教材涉及的兼语动词主要有"让₁、使"，"叫₂、令"的使用频率比较低。《小学华文》中，"让₁"的使用频率很高，有 32 次，"使"的使用频率很低，只有 4 次，"叫₂、令"则完全没出现。《中文》中，"使"的使用频率最高，达 61 次，其次是"让₁"和"令"，分别出现了 27 次和 21 次，"叫₂"只出现了 1 次。结合例句分析，我们发现"使、令、叫₂"多用于书面语，口语中较少使用，特别是少儿语言中使用得更少。

第二，从教材分布看，低年级较少使用致使类兼语句。《小学华文》一、二年级只出现了 4 次，《中文》中只出现了 2 次。随着年级升高，致使类兼语句的使用频率开始增加，《小学华文》五、六年级共出现 22 次，占总数的 61%，《中文》9～12 册的使用量更是高达 83 次，占比为 75%。尤其是兼语动词"使"，在《中文》11～12 册出现了 40 次，这可能与《中文》后期大量出现论说文有关。

42.2 致使类兼语句的难易度

要回答何时安排致使类兼语句教学的问题，就必须考虑这类句式的难易度问题。目前大多数对外汉语教学语法大纲将致使类兼语句与使令类兼语句归并列为甲级语法项目。肖奚强等（2009）将所列的六类兼语句全部归入初级语法项目，其中建议将包含致使义（使、让、叫、令）的要求类兼语句列为一年级上学期的语法教学项目。致使类兼语句真的是简单易学，应该早教的兼语句小类吗？

对外汉语学界的学者们一直以来都十分重视致使类兼语句的研究，获得了一些研究成果。研究发现，致使类兼语句与其他类别的兼语句存在难易度差异，留学生的偏误情况比较严重。

首先，留学生在使用致使类兼语句时，普遍存在回避现象。周文华（2007）针对"让"字句的使用情况做了对比分析，发现留学生的"让"字句使用频率明显低于本族人；梁婷婷（2009）对"使"字句的习得和偏误情况做了统计分析，结果显示在各个水平的学生中，应该用而未用"使"字句造成的偏误比例都是最高的。这些研究说明留学生在致使类兼语句使用方面存在着回避现象。

其次，致使类兼语句与其他句式存在交叉混用和误用问题。例如，致使类兼语句中常用的两个兼语动词"让、叫"词义和用法比较复杂，表致使义的"让₁、叫₂"、表使令义的"让₂、叫₃"和表被动义的"让被、叫被"意义不同，用法有差异，学生在习得过程中普遍存在误用的情况。再如，致使类兼语句与"把"字句不仅表层结构相似，语义上也具有一致性，都包含使对象发生某种变化、产生某种结果或处于某种状态的意思。但两者之间依然存在差异，各构成成分的语义限制是不同的。除了句式混用、误用外，致使类兼语动词与介词"给"和"对"也存在误用现象。已有的兼语句偏误研究显示，致使类兼语句是其中偏误率最高、偏误持续时间最长的类型。

致使类兼语句习得难度大的原因有几点：

一是兼语句本体研究不足。一些汉语语法书将致使类兼语句和使令类兼语句归并建类，不加区分地放在一起讨论，这种做法使学生产生误解，以为两类兼语句可以互换使用。外国学生常常把"使"与口语中常用的使令义的"让、叫"完全等同起来，许多应该用表使令义"让₂、叫₃"的地方都误用了"使、让₁、叫₂"。

二是工具书释义出现偏差。李大忠（1996）提出，工具书上对于"使"字的释义有问题，会造成学生"使""让""叫"混用等问题。李玉菲（2010）也持类似观点，认为工具书在释义方面应该再做调整。

三是缺乏明确的教学指导。目前所见的二语教材很少针对致使类兼语句进行专门教学，即使是在教授使令类兼语句时，也很少提及致使类兼语句，更没有针对两种兼语句之间的用法差异进行对比分析。造成学习者对致使类兼语句的语义特点不甚了解，对句式中各个组成成分的限制条件模糊不清，最终导致句式选择错误或构成成分使用偏误。

上述研究显示，致使类兼语句的使用频率很高，在初级、中级、高级阶段均有分布，但集中出现在中级以后，需要在课程设计时安排专项语法学练。在海外华文教学中的教学时间最早不宜早于三年级，最晚不宜晚于五年级，在国内对外汉语教学中的最佳教学时间点是中级阶段。

致使类兼语句是兼语句中偏误率最高的次类型。由于这类兼语句与其他句式有许多相似之处，加上内部语义限制较多，因此在教学安排和设计时应该慎重处理。兼语动词的选择应该更加灵活，如果条件允许，应尽可能以"使"作为教学切入点教授这类兼语句，这样做可以最大限度避免使令义动词"让$_2$、叫$_3$"对致使类兼语句的干扰，降低学习者的认知难度。如果教学条件不配合，教材内容不支持"使"字句优先出现，则应该选择"让$_1$"作为教学样例教授致使类兼语句，不应追求将"使、让$_1$、叫$_2$、令"几个动词的用法一次性教完，这样做对致使类兼语句的教学不见得有帮助。在用"让$_1$"教授致使类兼语句时，相关的语法解释和典型范例的选择十分重要，与使令类兼语句的比较分析也非常有必要。

43. 什么情况下要使用有无类兼语句？

43.1 有无类兼语句的语篇分布

有无类兼语句的语篇分布很广，孟娇（2016）将兼语句适用的语篇分为时评语篇、对话语篇、叙事语篇和说明语篇四类，考察兼语句类型在不同语篇（各11万字）中的分布情况。结果显示，有无类在各类兼语句中的占比为29.4%，仅次于使令类（包括致使类）的65%，排名第二位。此类兼语句在四种语篇类型中的分布除时评语篇略高一些外，在其他三类中的分布都较平均，分别是时评语篇（40.2%）、叙事语篇（22.5%）、对话语篇（22.1%）和说明语篇（15.2%）。

43.2 有无类兼语句的类型

有无类兼语句分主谓句和非主谓句两大类。主语 N_1 可以不出现，这样的有无类兼语句属于非主谓句。如果主语 N_1 出现，则是主谓句，码化形式为"N_1 + 有 + N_2 + V_2"。无主型是有无类兼语句中特殊的一类，在其他类型的兼语句中少见，码化形式为"有 + N_2 + V_2"。

有无类兼语句 N_1 的语义角色有两种：一是施事成分，表示拥有者；二是处所成分、时间成分，表示动作发生的时空背景。前者构成的兼语句表领有，后者构成的兼语句表存在。例如：

（1）有一个朋友叫欢欢。（表领有）

（2）有一个地方叫新加坡啦。（表存在）

（3）我有个弟弟很调皮。（表领有）

（4）教室里有一些学生在上课。（表存在）

43.3 有无类兼语句的语篇功能

N$_1$通常在句中充当句子的话题成分，又叫主题成分。话题分为结构话题和话语话题两种。（范开泰、张亚军，2000）结构话题指句子的话题，也就是句法上的主语。话语话题是针对一个话语片段而言，如果若干个句子组成的话语片段围绕一个交谈中心展开，那么这个交谈中心就是话语话题。结构话题是就句子而言的，主语N$_1$通常是句子的主题，如果兼语句的N$_1$不出现，就不存在结构主题了，这样的句子叫述题句，如例（1）和例（2）就是述题句。例（3）和例（4）的结构话题是"我"和"教室里"，结构话题是已知的信息，也是话语的起点。

43.3.1 引出次话题

有无类兼语句表达的是对领有对象或存在物进行行为陈述或性状说明。有无类兼语句的N$_1$是结构话题，是已知的对象，N$_2$是新话题，也叫次话题。后续的话语如果围绕这个新话题展开，它还会成为话语话题。如例（3）的"一个弟弟"就是"有"引介的对象，也是句子引出的次话题。"很调皮"是对次话题"一个弟弟"的性状说明。例（4）的"一些学生"是"教室里"这个处所的存在物，通过"有"引介成为次话题，"在上课"是对"一些学生"的行为陈述。如果没有"有"引出次话题，句子显得突兀，因为N$_2$不是已知的信息，不能直接成为结构话题。比较：

（1a）我有一个朋友叫欢欢。

（1b）一个朋友叫欢欢。

（1c）我的朋友叫欢欢。

（2a）有一个地方叫新加坡啦。

（2b）一个地方叫新加坡啦。

（2c）那个地方叫新加坡啦。

例（1b）和例（2b）的 N_2 都是不定指成分，不能直接做主语。例（1c）和例（2c）的主语虽然是定指成分"我的朋友"和"那个地方"，但对听者而言依然是新信息，也不能直接成为话语话题。只有例（1a）和例（2a）经过"有"的引介，顺利成为次话题，取得了在兼语句中充当 V_2 主语的身份。

43.3.2 引出话题的位置

43.3.2.1 在起句出现

由于有无类兼语句具有引出新话题的作用，所以常常作为口语交际的起点或书面语的起句出现，作为起句出现的有无类兼语句常常是非主谓型的。例如：

（5）从前有个孩子叫司马光。有一天，他跟几个小朋友在花园里玩。花园里有假山，假山下面有一口大水缸，缸里装满了水。有个小朋友爬到假山上去玩，一不小心，掉进了大水缸。

（6）很久以前，有一位国王想建造一座新皇宫。他请了一位设计师帮他设计。

例（5）、例（6）中的有无类兼语句都出现在故事性文本的起句位置，其主要功能就是引介故事的主角"孩子"和"国王"，并在后续 V_2 中进一步说明了"孩子"叫什么、"国王"的想法是什么等。通过起句的介绍，为后面的故事展开做准备。在随后的故事中，"孩子"和"国王"都成为话语话题。

43.3.2.2 在展句或结句出现

有无类兼语句作为后续句在篇章中出现时，为了顺利引出新话题，N_1 与上文出现过的词语发生显性或隐性的联系，包括同指关系、上下义关系或者搭配关系。

1.同指关系。

（7）国王想出了一个办法，他亲自和求婚者进行驾车比赛，如果求婚者获胜，就把公主嫁给他。国王有两匹骏马跑起来快如闪电，其他的马都追不上，所以求婚者都输了。（完全同指）

（8）有一天，他们在海边谈天时，突然看见海面上有一个大木箱正向他们漂

过来。（部分同指）

（9）图书馆就在商场的四楼，里面有很多人在借书。（指代同指）

（10）有文字记载的古代奥运会是从公元前 776 年开始的，每四年一届，在 7 月中旬到 8 月中旬举行。当时希腊各地战争不断，为了确保运动员和观众的安全，比赛开始前，就有三名使者头戴象征和平的橄榄枝编成的花环前往各地，宣告奥运会即将举行，神圣休战开始。（同义同指）

2. 上下义关系。

（11）这是一辆刚买的二手车，发动机有个螺丝松了。（整体与局部的关系）

3. 搭配关系。

（12）天上飘着朵朵白云，地上有几个牧民正在放牧。（相同搭配范畴）

如果与 N_1 相关的内容上文中已提及，或者"有"即将引出的次话题的背景知识是共知的，那么 N_1 的同指成分可以不出现。例如：

（13）古时候，中国有个叫黔的地方。那里本来没有驴，后来有人从外地运来一头驴，放到山脚饲养。

例（13）中由于上文中已经两次提到"黔"这个地方，后面兼语句的 N_1 就可以不再出现。

有无类兼语句有时也会在一段话的结句位置出现。例如：

（14）这个房间不大，中间放着一张床，床的对面是张桌子，桌子旁边墙角处有一盏落地灯立在那里。

例（14）从介绍"房间"开始，再到"床"和"桌子"，最后才引介出"落地灯"。但是，作者并未继续展开话题，而是用有无类兼语句结束了本轮的话题叙述。在结句中引出的话题一般是偶发性的，是对前面话题的补充说明。

43.4 有无类兼语句的语义模式

有无类兼语句 N_1 与 N_2 的语义关系十分复杂。其中表领属关系、包含关系和存在关系的成句可能性高，表其他语义关系的成句可能性低。有无类兼语句对 N_1、N_2 和 V_2 有不同的语义要求。我们可以据此对这类兼语句进行分类。

根据 N_1 的不同，有无类兼语句可以分成表领有和表存在两大类；根据兼语

N_2 的语义不同，可分为"有生命"和"无生命"两大类；根据 V_2 的语义特点，可以分为表动作行为和表性状两大类。

43.4.1 事物领属类

这类句子中 N_1 和 N_2 是领属关系，句意可概括为：某人拥有的某物怎么样。领有者 N_1 是［+生命］的，或者具有［+主体］特征；N_2 是［-生命］的具体事物；V_2 是对"有"所引出对象的性状描述或说明，指出这个东西是什么或者怎么样。这类句子的 V_2 受限，不可能是动作行为。例如：

（15）我有一台电脑是国产的。

（16）妈妈有一件衣服很漂亮。

（17）我们单位有些设备已经陈旧了。

43.4.2 关系领有类

这类句子中 N_1 和 N_2 是领有关系，句意可概括为：某人领有的关系人做了什么／怎么样。领有者 N_1 是［+生命］的，或者具有［+主体］特征；N_2 是［+生命］的关系人；V_2 是对"有"所引出关系人的行为陈述或性状描述、说明，指出这个关系人是什么、怎么样或者做了什么。例如：

（18）他有一个弟弟叫伟强。

（19）妈妈有一位同事上星期结婚了。

（20）我们学校有一位老师非常出色。

43.4.3 性状拥有类

这类句子中 N_1 和 N_2 是领属关系，句意可概括为：某人或某物所具有的某种特性怎么样。领有者 N_1 是［+/-生命］的；N_2 是领有者具有的某种属性，［-生命］的；V_2 对"有"引出的属性进行描述或说明，指出这种属性是什么或怎么样。这类句子无论是结构，还是语义都受限，如"有"前不能再加"很""非常"等程度副词；N_2 前也不能再加形容词进行修饰；V_2 可以延伸的范围也十分有限。例如：

（21）我有一种感觉很特别。

（22）这种产品有一个特点很突出。

（23）我们学校有一个优势是别的学校没有的。

43.4.4 属物包含类

这类句子中 N_1 和 N_2 是包含关系，句意可概括为：某个整体中的一部分怎么样或发生了什么。N_1 是［+/-生命］的包含者，具有整体性；N_2 是具有［+/-生命］的成员或者局部，具有个体性；V_2 对"有"引出的个体或局部进行描述或说明，指出这种属性是什么、怎么样或者发生了什么变化。这类句子的 N_1 与 N_2 有包含与被包含关系，所以要求 N_2 是小量的。例如：

（24）汽车有一个轮子漏气了。

（25）小兔子有一只耳朵很特别。

（26）老人家有一只眼睛不太好使。

43.4.5 时空存在类

这类句子中 N_1 和 N_2 是存在关系，句意可概括为：某个时空环境中存在的某物怎么样或者做了什么。N_1 是［-生命］的时空环境；N_2 是具有［+/-生命］的存在物；V_2 对"有"引出的存在物进行动作描述或性状说明，指出这些存在物是什么、怎么样或者发生了什么变化。例如：

（27）教室里有一些学生在上课。

（28）墙上有一幅画儿很漂亮。

（29）城里有个姑娘叫小芳。

第五部分　兼语句的教学过程与教学法

44. 兼语句教学中常用的课堂练习活动有哪些?

与普通句式相比，兼语句的重点在于两个动词的连用和兼语所兼任的双重身份。因此，否定式、语序及与其他普通句式的结合和区分是兼语句教学中的重点。根据孙红霞（2013）统计，兼语句的偏误类型主要为：成分误加、成分遗漏、成分混淆、句式杂糅和语序错误。为解决这些问题，兼语句教学中常用的课堂练习活动有如下几种：

1. 替换练习。

例如：老师让我们读课文。画线部分还可以替换为什么?

答：写生词、听录音、打开课本、交作业。

这类练习的替换部分主要是 V_1 和 V_2，能够加强初学者对于兼语句基础句型的掌握。对于使令类兼语句中 V_1 的替换练习能够加深学生对使令动词的印象，例如"让、请"。也可以通过这样的练习强化学生对不同 V_1 的语义区分，例如"使"字表达致使义，而非使令义。

2. 语块提问。

教师针对固定的语块进行单独提问，让学生抢答。

例如：老师让我们读课文。

问题：老师让我们干什么?　　答：读课文。

　　　谁让我们读课文?　　答：老师。

此类练习可以让教师及时了解学生对基础句型模式的理解和记忆程度，同时强化学生的语块意识，让学生能够更加清晰地记忆每个语块所处的位置及不同语块间的关系，能够减少学生在造句中出现的成分误加和成分遗漏之类的偏误。

3. 句型判断。

例如：他的话使我去图书馆。（　　）

这类课堂练习活动主要可以分成两个大类。一类是判断句型是否为兼语句，例如判断"妈妈让我去上学。/ 我骑车去上学。"哪个句子是兼语句。这样的练习能够有针对性地解决学生句型混淆、句式杂糅的问题，同时也能强化学生对兼语句使令、致使等语义的理解。另一类则是判断兼语句是否正确。这样的活动能够强化学生对兼语句句式的记忆。在练习过程中，教师可以通过学生对不同句型及不同偏误判断的正确率来了解学生学习过程中出现的盲点和误区，在讲评时更有针对性地解决问题。

4. 翻译。

例如："Mom let me eat an apple."。　　　答：妈妈让我吃苹果。

这类课堂活动与其他活动相比较为枯燥，但能够有效地利用学生母语的先备知识进行句型训练。在翻译的过程中，学生可以克服母语负迁移带来的影响，更加清晰地认识到兼语句作为汉语中一种特殊句式与其母语中类似含义句式的差别，在之后的运用中减少偏误。

5. 连词成句。

例如：使　我　妈妈的鼓励　充满力量。　　答：妈妈的鼓励使我充满力量。

连词成句能够针对性地解决学生在语序方面存在的问题，让学生加强语序意识。因为题目中已经给出了所有语块，学生在生成句子的过程中只需要进行合理排序即可，对于学生来说，难度不算高。此类活动比较适合在教学初期进行，为之后学生独立造句做铺垫。

6. 创设情境。

教师描述一个场景或展示一段视频，创设一个会用到兼语句的情境。引导学生，让学生根据情境提示自主生成兼语句。

例如：（视频内容）圣诞节前夕，男孩儿和父母一起打扫房间，装饰圣诞树。

答：父亲让儿子扫地。　儿子请母亲扶着圣诞树。　母亲叫父亲挂上铃铛。

创设情境类的课堂练习活动可以放在教学阶段，也可以放在练习阶段。相较于其他的课堂活动，创设情境类的练习活动更贴近学生的日常生活，可以让学生将所学的知识与生活实际相结合。创设情境类的活动也可以有效提起学生的学习兴趣，发挥学生的创造能力，让学生主动练习并学会使用兼语句。

7.选词填空。

例如：老师____我做作业。A.使　B.让　C.令

此类课堂练习活动设问的主要部分是 V_1，目的在于让学生辨析不同 V_1 的不同语义，加深记忆。例如，"使"字只用于致使类兼语句，不用于使令类兼语句；"请"字有表示尊敬和客气的意思。这样的练习能够有效减少学生在之后的兼语句使用中出现成分混淆的问题。

8.句子改写、续写。

例如：请把"妈妈对女儿说：'把窗户关上。'"改写为一个兼语句。

答：妈妈让女儿关上窗户。

例如：老师的鼓励_____。（使）请用括号里的字续写句子。

答：老师的鼓励使我重新振作起来。

这类课堂练习活动需要学生自主生成句子，难度较大，比较适合放在基础练习之后进行。兼语句作为汉语中比较特殊、比较难的一个句型，学生在后续过程中很可能出现回避现象。而改写和续写的练习活动就是有针对性地让学生使用兼语句，帮助他们克服回避心理，习惯于用兼语句恰当地表达。

45.兼语句教学中常用的练习形式有哪些?

句型的练习设计应当遵循由易到难的顺序原则，且要具有层次性、趣味性的特点。从练习形式上来说，除了机械性练习，应该着重增加应用型和交际型的兼语句练习，保证学生在练习之后能够灵活地将兼语句运用在真实的交际中。兼语句的练习形式有许多，例如：

1.选词填空。

从"使、让、请、给、对、把"中选择合适的词语填入画线处，组成正确的句子。

（1）爸爸 _____ 我多喝水。

（2）我想 _____ 你来当主持人。

（3）在中国的经历 _____ 我学习汉语有很大帮助。

（4）过量使用农药会 _____ 农作物的产量降低。

（5）网络不良信息 _____ 青少年带来不好的影响。

（6）他 _____ 作业本弄丢了。

这类练习能够有效地帮助学生克服兼语动词混淆这一典型性偏误。既能帮助学生厘清"使、让、请"等兼语动词的语义和语用区别，同时也能提高学生辨别兼语句的能力。防止将兼语句与"把"字句、兼语动词与介词混淆。题目内容可以根据学生近期学习内容进行调整，合理控制难度。

2. 判断。

判断下列句子正误，并改正错误句子。

（1）在这次文化交流会上，使我们提高了对中国文化的认识。（　）

（2）刚看完这个故事，真使我忍俊不禁。（　）

（3）今天的天气使我去香山玩一玩。（　）

（4）在香港生活的环境使我学习广东话。（　）

（5）老师的话也不让他们俩安静下来。（　）

（6）这个结果让我不太惊讶。（　）

这类练习能够帮助学生加深对不同兼语句使用条件的认识，有效地避免介词词组误用为 N_1、V_2 等典型性偏误的发生，强化兼语句否定式的练习，减少兼语句 V_1 修饰成分的偏误。

3. 连词成句。

请将下列词语按照正确顺序排列，组成完整句子。

（1）出门　让　爸妈　晚上　不　我

_____

（2）让　我们　老师　做作业　没　今天

_____

（3）下雨　取消了　使　运动会

_____

（4）这部电影　感动　我们　让　非常

这类练习的主要作用在于帮助学生强化兼语句的结构形式，防止出现句式结构方面的偏误，例如遗漏、冗余、错序等。

4.改写句子。

请将下列句子改写为兼语句。

（1）因为这场病，所以他失去了行走的能力。

（2）我们称他"小英雄"。

（3）我因为中文成绩进步很开心。

（4）我有一个同学，她是小红的朋友。

5.合并句子。

请将下列句子合并为一个兼语句。

（1）我陪着奶奶。我和奶奶去医院。

（2）妈妈鼓励孩子。孩子出国读书。

（3）我有一个朋友。这个朋友叫李明。

（4）我有一个妹妹。妹妹是近视眼。

设计以上两类练习的目的是帮助学生了解兼语句与其他类型句式的转换关系。题型4训练如何将因果复句和双宾语句转换为致使类兼语句或称呼类兼语句。题型5是训练如何将两个简单句整合为使令类兼语句或有无类兼语句。

6. 句子翻译。

请将下列句子翻译成完整的兼语句。

（1）Mom let me go to school by myself.

_____

（2）My brother won't allow me into his room.

_____

（3）Rainy days always make me feel bad.

_____

（4）I have a friend called Xiao Hong.

_____

（5）We elected him captain.

_____

此类练习主要是帮助学生掌握汉语兼语句与英文的对应关系，可以用学生的母语给出原句，让学生将原句翻译为汉语兼语句。在使用此类练习时，教师应当着重避免学生运用其他简单句表达相同的语义，出现回避现象。教师可以通过指示语或是题目要求，引导学生用兼语句表达完整的句子。

7. 回答问题。

（1）什么事情让你很开心？

（2）妈妈鼓励你做什么？

（3）操场上有很多孩子，他们在做什么？

（4）谁在房间里陪孩子读书？

（5）你想邀请谁来参加你的生日晚会？

这部分是交际性训练，主要培养学生运用兼语句进行交际的能力，提高其对不同语义类型兼语句使用的敏感度。此类练习难度较高，进行练习时，教师可以根据学生水平进行适当引导，帮助学生生成正确的兼语句。答案较为开放，可以增强练习活动的自主性和趣味性。

8. 看图 / 视频说话。

请尝试用 "N$_1$ + 使 / 让 + N$_2$ + to do sth." 描述图片（见下页图 45-1）。

图 45-1　情境练习图片

此类练习活动答案较为开放，难度较高，适用于程度较好的学生。在学生描述过程中，教师可以给予适当提示和引导。在学生完成描述之后，教师可以对学生答案进行总结归纳，对其中的偏误句进行修改订正，对正确句子进行讲解深化。教师也可以给出更多样化的答案，结合图片引导学生对比总结，加深学生的理解和记忆。除了图片之外，教师也可以利用多媒体手段，播放视频，引导学生运用兼语句描述视频内容。

46. 兼语句教学中应该如何设计引导性问题?

在语言点的课堂教学过程中，教师的引导性问题是学生理解语言点的重要辅助手段，兼语句教学也不例外。因此在兼语句的教学过程中，教师应当有意识地设计引导性问题，加强学生对兼语句语义、语用的理解和句型结构的记忆。在设计兼语句的教学引导问题时，应当遵循如下几个原则:

1. 围绕教材确定提问方式。

课堂教学中的问题都应当围绕教学目标展开，而教学目标确立的主要依据则是教材内容和学生学情。因此教师在设计兼语句的教学引导性问题时应当注意围绕教材，设计符合学生认知水平的问题。

以《中文》第 5 册第 11 课为例，设计引导性问题:

课文内容: 普林斯顿的老人。

重点句型: 小女孩儿请老人吃果干儿。

提问方式：

（1）针对 N_1 提问，如：谁请老人吃果干儿？

（2）针对 N_2 提问，如：小女孩儿请谁吃果干儿？

（3）针对 V_2 提问，如：小女孩儿请老人做什么？

练习方式：

她	请	我	吃果干儿
云云	帮	奶奶	洗菜
爷爷	让	妹妹	背古诗
妈妈	叫	弟弟	做作业
老师	教	学生	写汉字

进行兼语句重点句型教学时，学生对课文内容已经基本掌握。因此，可以围绕课文展开对原句的提问，加强学生对兼语句语义的理解。例如：

（1）小女孩儿做了什么事？

（2）谁吃了果干儿？

（3）请客的人是老人吗？

其次，在练习环节也可以继续提问。例如：

（1）"她、云云、爷爷、妈妈、老师"都是什么词？

（2）"我"要做的事情是什么？

（3）"请"还可以换成什么词？

最后，可以结合补充阅读《牛顿请客》的内容为学生创设语境，进行引导性提问。例如：牛顿做了什么事？请用"牛顿请 / 让……"回答。

总之，无论使用哪种教材，在进行兼语句教学时，教师应当对教材进行充分了解。在课堂教学过程中，教师需要围绕教材内容，设计兼语句引导性问题，必要时可以对教材内容进行简单调整，并适当扩充或延伸兼语句教学内容。

2. 抓住兼语句的主要特征。

教师在设置引导性问题前，需要明确兼语句的主要特点：

（1）两套主谓结构套叠。

（2）两个谓语动词遵守时间顺序原则。

（3）语义中多包含使令义（使令义中包含致使义）。

在兼语句教学的提问过程中，教师应当结合兼语句的语义和句式特点，对兼语句结构中的不同部分进行提问，引导学生加强对兼语句特殊性的认识。

以"水蒸气 使 壶盖 动了起来。"为例进行提问。例如：

$$N_1 \quad V_1 \quad N_2 \quad V_2$$

（1）句中有几个主语，几个谓语动词？（特点：两套主谓结构套叠）

（2）什么东西动了？是水蒸气吗？（特点：V_2 的主语是 N_2）

（3）壶盖为什么会动？（特点：N_1 为致事因）

（4）如果没有水蒸气，壶盖还会动吗？（特点：V_2 需要体现变化）

（5）"水蒸气"可以用"小明"代替吗？（特点：致使类兼语句的 N_1 多为事或物，一般不由表人的词语充当）

（6）"使"还可以用什么词代替？（特点："使、让、叫、令"的同义替换）

教师应当对兼语句的句式语义特点非常熟悉，并且充分了解二语学习者在兼语句习得过程中常见的偏误情况。在此基础上，依据兼语句本身的特点和易错点，进行引导性问题的设计。这样做一方面能够更好地实现兼语句的教学目标，帮助学生理解和掌握兼语句；另一方面，提前用提问的方式引导学生发现兼语句的易错点，也能有效预防学生在之后使用兼语句时出现偏误。

3. 结合语用情境进行启发性提问。

兼语句的语用理解对学生来说是一个难点，因此教师在教学过程中应当注重对兼语句语用部分的引导提问。教师可以通过图片或视频的方式创设语境，结合语境对学生提问，加强学生对兼语句语用的理解。

以图 46-1 "家庭大扫除"为例：

图 46-1　情境练习图片

（1）哥哥在帮妹妹做什么？（答：哥哥在帮妹妹收垃圾。）

（2）妈妈让爸爸做什么？（答：妈妈让爸爸吸地板。）

（3）大扫除使家里变得怎么样了？（答：大扫除使家里变得干净了很多。）

　　这种方式主要用于初级阶段，教师通过引导性问题帮学生找到图片或视频中可以使用兼语句描述的部分，并且引导学生使用完整的兼语句表达自己看到的内容。这种教学活动的设计要求教师使用的图片或视频中有较多可运用兼语句表述的内容，并且教师的引导性问题应当较为具体明确，确保问题能够启发学生运用兼语句，避免学生答案太过发散或是出现回避现象。

　　在学生对兼语句的句式和语义掌握得较为熟练之后，教师可以逐步模糊引导性问题，让学生自己运用。甚至可以直接采用"请描述图片 / 视频内容，至少包含三个兼语句"这样较为笼统的方式布置任务。

　　综上所述，引导性问题是兼语句教学过程中不可或缺的部分。教师在设计这些引导性问题时，尤其应当关注兼语句本身的特殊性、课堂教学中的重难点及学生对兼语句的掌握情况。在遵循上述三个设计原则的基础上，教师可以尽量选择多元化、趣味性的提问方式。在实现兼语句教学目标的基础上，加强学生的汉语学习兴趣。

47. 有无类兼语句的教学过程应该如何设计？

47.1 设计思路

　　有无类兼语句的兼语动词非常有限，仅包含"有"和"没有"，并且有无类兼语句中不包含使令义，其语义主要有两类：

　　1. 表领有义。例如："我有个姐姐是医生。"

　　2. 表存在义。例如："操场上没有人在跑步。"

　　因此，针对两类不同语义的有无类兼语句可以考虑分别教学，避免学生出现语义混淆。有无类兼语句和学生之前学过的简单"有"字句较为相似，可以进行互相转换。另外，与其他几类兼语句不同的是，有无类兼语句在日常生活使用中，经常出现省略主语的无主句情况，例如"有人喊你"，因此教学时也应当强调无主句情况的特点并加以练习。从语用角度来讲，有无类兼语句在语篇中通常可以起到引出话题的作用，常常出现在句首或段首。因此在教学过程中，需要选择符合有无类兼语句语用情况的典型语境进行举例教学，让学生在学习过程中，逐步感受有无类兼语句适合的语用情境，可以设计一定的情境类练习让学生使用有无类兼语句作为开头写一段话。

除此之外，有无类兼语句和其他三类兼语句不同，不能与"把"字句相互转换。例如，"我有一个姐姐叫小芳"不能转换为"我把一个姐姐叫小芳"，这一特点无须在课堂教学中专门介绍。如果学生在使用过程中出现了语内负迁移，将有无类兼语句写成"把"字句，则需要老师开展针对性指导，并强调其不能和"把"字句相互转换，避免学生形成顽固性偏误。

47.2 领有义有无类兼语句的教学设计

47.2.1 导入部分

话题导入法：教师请一位有宠物的同学用"我有……""它叫……"作为开头介绍自己的宠物，引出一般"有"字句。

教师：刚刚这位同学说了两句话，分别是"我有一只小狗""它叫小黄"。

板书：我有一只小狗。   它叫小黄。

47.2.2 教学部分

1. 领有义有无类兼语句教学。

步骤一：

教师提问：我有什么？

教师明确：有一只黄色的小狗。

教师提问：它叫什么名字？

教师明确：它叫小黄。

步骤二：

教师讲解："我有一只小狗"和"它叫小黄"这两个句子中都有小狗，所以可以合并起来变成"我有一只小狗叫小黄"。

步骤三：

板书：我有一只小狗叫小黄。

教师讲解：在介绍某人有某个东西时，可以使用这样的句式。

板书：某人 + 有 / 没有 + N_2 + V_2。

47.2.3 练习部分

1. 句式转换：请将下列句子合并为一句话。

（1）妈妈有一双鞋。这双鞋是爸爸买的。

_____

（2）马克有一个弟弟。这个弟弟比他高。

_____

2. 请将下列句子拆分成两句。

（1）我有一辆自行车是新买的。

_____

（2）小猫有一只眼睛看不见。

_____

3. 写话练习。

以"我有 + 一个朋友 + V_2"的句式作为开头，写一段话介绍自己的一位朋友。

47.3 存在义有无类兼语句的教学设计

47.3.1 导入部分

以旧带新法：

教师提问：教室里有多少学生？（复习存现句）

学生回答：教室里有……个学生。

教师提问：几个同学穿了红色的衣服？

教师明确：三个同学穿了红色的衣服。

教师提问：如何用一句话来表达呢？

47.3.2 教学部分

教师明确：教室里有三个同学穿了红色的衣服。（板书）

教师讲解：当我们想说某个地方有什么东西或者什么人，并且想要说出其特点的话，就可以用这个句式。

板书：某地 + 有 + N_2 + V_2。

教师讲解：这样的例子有很多，例如，操场上有很多同学在跑步。这样的句子常常可以用来介绍或者引出一个新的话题。

47.3.3 练习部分

1.判断正误：判断下列句子是否正确。

（1）门口人找你。（   ）

（2）学校里有一棵桃树开花了。（   ）

（3）有学生唱歌教室里。（   ）

2.看图写话：请根据图片内容（见图47-1），用"某地 + 有 + N_2 + V_2"写句子。

图 47-1   情境练习图片

参考答案：树下有一群小猫在睡觉。

47.4 无主有无类兼语句的教学设计

47.4.1 导入部分

教师提问："我有一只小狗叫小黄"这句话可不可以去掉"我"？

教师明确：可以。如果已经知道说的内容是"我"的宠物，去掉主语"我"也不会影响句子意思。

47.4.2 教学部分

教师讲解：在日常对话中，在不影响意思理解的情况下，这类"有"字兼语句经常可以省略主语。例如：

A：你在干什么？

B：我在找东西，有本书找不到了。

在 B 的回答中，前一小句已经出现了主语"我"，后面的兼语句就不需要重复主语"我"了。

教师讲解：表示存在的"有"字兼语句常常会出现在篇章的开头，用来引出话题。如果非必要，通常会使用无主兼语句的形式。例如：

（1）有一个男孩儿名叫司马光……

（2）从前有个公主，皮肤像雪一样白。

教师讲解：表示位置的词常常可以放在 N_2 后面。

板书：有 + N_2 + 在…… + V_2。

例如，"操场上有同学在跑步"也可以说成"有同学在操场上跑步"。

47.4.3 练习部分

改写句子：请根据例句，填补句子空缺处，保持句子意思不变。

例：池塘里有只鸭子在游泳。

　　有只鸭子 _____ 游泳。

47.4.4 总结部分

1. 有无类兼语句有两种，分别可以表示领有和存在。

2. 有无类兼语句通常用于介绍或引出话题。

3. 有无类兼语句的主语经常可以省略，表示地点的词语可以移至句中。

48. 致使类兼语句的教学过程应该如何设计？

48.1 设计思路

致使类兼语句在兼语句中占比大，尤其在中高级阶段，这类兼语句的使用频率明显增加，它也是二语学习者学习兼语句的难点之一。与使令类兼语句相比，致使类兼语句语义限制较多，结构难度较大，因此其教学顺序通常安排在使令类兼语句之后。学生在接触致使类兼语句时，已经对兼语句的基本结构有了一定的了解，并且有了使令类兼语句的基础知识作为先备知识。

致使类兼语句在教学过程中主要存在两个难点：

1. 致使类兼语句中 N_1 和 V_2 较为特殊的语义限制。

学生关于使令类兼语句的先备知识一方面为理解致使类兼语句提供了方便，另一方面也容易让学生在学习过程中产生两种语义的混淆。例如 N_1 部分，使令类兼语句的 N_1 通常由表人的词语充当，而致使类兼语句的 N_1 通常由表事或物的词语充当。因此对这两种不同类型兼语句各部分的语义限制有必要强调区分。

2. 兼语动词"让"的使令义和致使义辨析。

"让"作为兼语动词使用时，既可以表使令义，又可以表致使义。学生较早接触的是表使令义的"让"字兼语句，而致使类兼语句中的"让"字句又是最常见、最典型的一类。因此，如果不对两种"让"字句加以辨析，学生很容易将使令类兼语句和致使类兼语句等同，并出现语内负迁移，造成兼语动词混用等典型性偏误。

综上所述，在致使类兼语句的教学过程中，应当以对比教学法为主要教学方法，运用学生使令类兼语句的先备知识进行对比，强化致使类兼语句的重点知识，强化学生的记忆和理解。

48.2 教学过程

48.2.1 导入部分

视频导入：教师展示视频内容——婴儿因听到音乐，停止哭泣开始笑。

教师提问：这个孩子怎么了？

教师明确：孩子变得很高兴。

教师提问：孩子为什么变得很高兴？

教师明确：因为音乐，所以孩子变得很高兴。

板书：音乐   孩子   变得很高兴。

教师提问：可不可以去掉"因为""所以"，把它变成一个更简单的句子呢？

48.2.2 教学部分（1）：基本句型教学

教师讲解：孩子的心情发生了变化，发生变化的原因是听到了音乐。

板书：原因＋使＋sb./sth.＋变化。

教师讲解："使"是一个动词，放在变化原因之后，表示"使"前面的部分是后面结果的原因。比如这一句话可以是"音乐使孩子变得很高兴"，意思是"Listening to music makes the child happy."。

教师提问："因为音乐，所以孩子变得很高兴。"这句话能不能改成一个"使"字句呢？

教师明确：音乐使孩子变得很高兴。

教师讲解："使"这个动词还可以用别的动词替换，比如"让、令"。

教师请同学尝试用"让、令"替换例句。

教师明确：音乐让孩子变得很高兴。/ 音乐令孩子变得很高兴。

48.2.3 练习部分（1）

1. 替换练习：请用所给的内容替换下列句子的画线部分。

（1）她的歌声使我睡不着觉。（让 / 令）

（2）她的歌声使我睡不着觉。（外面的灯光 / 窗口的风）

（3）她的歌声使我睡不着觉。（很开心 / 很难过）

2. 翻译练习。

（1）This picture reminds me of my childhood.

教师明确：这张照片使我想起了童年。

（2）Sugar makes coffee taste better.

教师明确：糖让咖啡变得更好喝。

3. 改写句子：将下列因果复句改成"使"字句。

（1）因为这篇短文，所以我得到了很多启示。

教师明确：这篇短文使我得到了很多启示。

（2）因为北京的变化，所以我感到很震惊。

教师明确：北京的变化使我感到很震惊。

48.2.4 教学部分（2）：对比教学

教师提问："医生让我吃药"和"医生的药让我的病好了"这两句话都有"让"，这两个"让"有没有什么区别？

教师板书：医生让我吃药。　医生的药让我的病好了。

教师明确："医生让我吃药"中的"让"是命令、要求的意思，而"医生的药让我的病好了"中的"让"不是命令的意思，是影响、导致的意思，两个"让"是不同的。

教师提问：这两个句子中，哪个句子里的"让"可以用"使"替换？

教师明确："医生的药让我的病好了"中的"让"可以替换为"使"，但不能说"医生使我吃药"。

教师讲解："使"只能表示某个原因造成了某个结果，不能表示命令，所以不能替换表示命令的"让"。

48.2.5 练习部分（2）

判断正误。

（1）爸妈的电话让我喝水。（　　）

（2）老师使我到办公室。（　　）

（3）热水使杯子变成白色。（　　）

48.2.6 教学部分（3）：否定式教学

创设情境：（烧热水的视频）教师播放水蒸气将壶盖顶起的画面。

教师提问：壶盖怎么了？

教师明确：壶盖动了。

教师提问：壶盖为什么会动？请用"使"字句回答。

教师明确：水蒸气使壶盖动起来。

教师将视频调整至水未完全烧开、壶盖不动的地方。

教师提问：现在呢？壶盖没有动。如何用"使"字句表示呢？

教师明确：水蒸气不能使壶盖动起来。/ 水蒸气没有使壶盖动起来。

教师板书：水蒸气不能 / 没有使壶盖动起来。

教师讲解：否定词要加在"使、让、叫、令"等动词之前。因为这类句子的否定形式表达的意思是不能造成某种结果，因此不能用"不"这类否定词，不能说"水蒸气不使壶盖动起来"。

48.2.7 练习部分（3）

1. 请将下列否定句改为肯定句。

（1）这里的景色没有使我震撼。

_____

（2）你的建议不能让我通过考试。

_____

2. 请将下列肯定句改为否定句。

（1）这本书使我很感动。

_____

（2）他的样子使妈妈很生气。

_____

48.2.8 总结部分

1. 基础句式：原因 + 使 + sb./sth. + 变化。

2. "使"可以用"让"替代。

3. 否定词语通常为"不能、没有"，加在"使、让、叫、令"之前。

49. 使令类兼语句的教学过程应该如何设计？

49.1 设计思路

使令类兼语句的构式意义是发出指令的主体 N_1 通过施令行为 V_1 影响受令对象 N_2，使其发生后续的动作行为 V_2，这是一种由发令者主动引发的动态行为递系过程。大多数语言中都存在类似的使令句式，尽管在构成要件或语序上与汉语使令句有差异，但大都包含了 N_1、V_1、N_2 和 V_2 四个部分。

使令类兼语句首先要关注使令动词 V_1 的意义和用法，这类兼语句的小类很多，需要教授的动词也很多。从 V_1 的使令方式看，主要包括言语使令和行为使令两大类，前者包括派遣义、催逼义、要求义、允让义、嘱托义、鼓动义，后者包括教导义、帮带义和选举义；按照 N_1 是否参与后续行动，使令类兼语句又可分为参与型和非参与型两类，教导义属于参与型，其他各类属非参与型。不同类型之间在意义和用法上同中有异，教学方法也不太一样。例如参与型兼语句可以利用 V_1 的意义进行动作引导，非参与型则适合采用言语或指令进行辅助教学。

使令类兼语句是由四个构件和两个表述组成的，四个构件包括：

构件 1：N_1 是能主动发出指令的人或组织，通常是名词或代词。

构件 2：V_1 是发出指令的方式，主要是使令动词。

构件 3：N_2 是受令的对象，一般是人、组织或能发出后续动作的物体（如飞机、船、电脑等）。

构件 4：V_2 是受令对象所发出的后续行动，是主动的、有目的的行为或任务。

两个表述可以解释为：

表述 1：某人或某组织向他人或组织、事物发出某项指令、要求或采取某种主动行为。

表述 2：受令方接受指令、要求后进行后续行动。

两个表述之间是原因—目的关系，即为了达成某个目的，发令者向受令者发出某个指令和要求。

教授使令类兼语句，除了采用传统句法成分分析的教学方法外，还可以采用构式语块教学法，这种教学法可以避免这类兼语句在教学时语法术语解释的困难，也可以让学生在学习过程中直接从语义理解入手，加深记忆。在练习时，可以采用直接替换语块的方法进行操练，通过板书的方式将语法基础结构以语块的形式呈现出来，这样做有利于学生明确句子每部分对应的语块结构，将语法和语义贯穿在一起，达到易学的目的。

使令类兼语句的难点之一在于句中出现了动宾词组与主谓词组套叠的现象，两个表述融合在一个表层形式内，学生容易出现语义混淆和使用困难。在教学时应强调两点：一是 V_1 和 V_2 的主语是不同的，二是两个表述存在单向的顺序关系。教师在板书时可将句子不同部分对应于相应语块，分段操练，让学生体会前后表述之间的逻辑关系。

使令类兼语句在教学过程中可采取的教学法较多，例如追问法，可以帮助学生克服句型回避的问题，逐渐习惯用使令类兼语句表达相应语义。情境法也是比较常用的教学策略之一，如设立"老师让班长站起来"的情境，在这个情境中引导学生学习和使用使令类兼语句。相比于直接枯燥地解释语法，这样的方式比较生动形象，能够提起学生的学习兴趣，吸引学生注意力。另一个较为常用的教学策略是合成法，引导学生说出两个简单的小分句，并在教师的指导下合成使令类兼语句。这样一方面可以让学生复习之前学过的知识，又能以旧知引出新知，强化记忆。对比法在使令类兼语句教学中也使用较多，通过对比不同的 V_1，能够让学生更加了解使令义动词的区别，有效减少学生在使用使令类兼语句时 V_1 部分可能产生的偏误。

在练习部分，连词成句可以强化语序记忆，翻译及改写则可以让学生习惯将母语或熟悉的句式转换为兼语句，能够让学生在之后的实际使用过程中减少因为不熟悉兼语句语法而产生的回避现象。在学生能熟练运用兼语句的基础句式后，再进行否定式和 V_2 连动的教学，能够及时解决学生在学习基础句式时的困惑。练习部分的设计仅为举例，可以依据实际的课程时长和学生先备知识来调整练习量和习题难度。练习设计要以循序渐进的形式进行，先进行基础的机械性操练，再逐步过渡到活动性练习，从选择性练习过渡到生成性练习，防止学生在学习过程中产生畏难情绪。

49.2 教学过程

49.2.1 导入部分

教师请班长起立，并向同学们提问："班长做了什么？"

教师明确：班长站起来。

教师提问："谁让班长站起来？"

教师明确："老师让班长站起来。"并板书：老师　让　班长　站起来。

49.2.2 教学部分（1）：基本句型教学

教师讲解：老师对班长说了一个指令，指令是"班长站起来"。老师是发出指令的人 A，班长是接受指令的人 B，站起来是要做的事。

教师板书：A 让 B 要做的事。（与之前的"老师 让 班长 站起来"一一对应）

教师讲解：我们需要一个使令动词把整句话连在一起，就要在老师和班长之间再加一个动词。我们可以选择"让、叫、请、派、令、要求"等词，比如这一句话是"老师让班长站起来"。

教师板书：老师 让 班长 站起来。The teacher asked the class leader to stand up.

教师请同学甲举起中文书，并向同学提问，现在 A、动词、B、要做的事下面分别应该写什么？

教师明确：A——老师，动词——让，B——同学甲，要做的事——举起中文书。

教师带领学生说句子：老师让同学甲举起中文书。

49.2.3 练习部分（1）

1. 连词成句。

将同学分成四组，准备 A、B、动词、要做的事四组词卡。请同学们从四组词卡中找出可以组成一句完整使令类兼语句的四张卡片，由小组组员按顺序放好，并请全组一起念出组合好的句子。以竞赛的形式看看哪组搭配的句子更多。

2. 翻译练习。

（1）Mom let me eat an apple.

教师明确：妈妈让我吃一个苹果。

（2）My sister asked me to teach her Chinese.

教师明确：妹妹请我教她汉语。

3. 改写句子。

请用"请、让、叫"等词把下列句子改写成使令类兼语句。

（1）妈妈对我说："你自己洗衣服吧。"

（2）校长对我说："把书送给张老师。"

49.2.4 教学部分（2）：否定式教学

教师提问："I ate an apple." 用中文怎么说？

教师明确：我吃了一个苹果。

教师提问：它的否定形式 "I didn't eat apple." 用中文怎么说？

教师明确：我没有吃苹果。

教师提问："Mom let me eat an apple." 用中文怎么说？

教师明确：妈妈让我吃一个苹果。

教师提问：它的否定形式 "Mom won't let me eat apples." 用中文怎么说？

教师引导："不"和"没"这样的词加在哪种词前面？

教师明确：动词。

教师引导："妈妈让我吃一个苹果。"这句话里的动词有哪些？

教师明确：让、吃（板书标注）。

教师明确：这样的句子中，"不"和"没"应该加在第一个动词前面。"妈妈不让我吃苹果。"

49.2.5 练习部分（2）

1. 改写：请将下列否定句改为肯定句。

（1）老师不让我打开课本。

_____

（2）大卫没有请我吃饭。

_____

2. 改写：请将下列肯定句改为否定句。

（1）妈妈让我出去玩。

_____

（2）姐姐派我去买票。

_____

49.2.6 教学部分（3）：V₂ 连动教学

创设情境：教师请同学乙打开水杯盖儿，喝一口水，再把水杯盖儿盖上。

教师提问：刚刚我让同学乙做了三件事，怎么把它们放在一句话里呢？请同学们尝试造句。

教师明确：老师让同学乙打开水杯盖儿，喝一口水再把水杯盖儿盖上。

教师讲解：兼语句中出现连谓词组时，应该放在 N_2 的位置上。

49.2.7 练习部分（3）

教师提问：平常课上老师让同学们先做什么、再做什么？

教师明确：老师让同学们先读课文、再做练习。

教师提问：妈妈让你去商店做什么？

教师明确：妈妈让我去商店买东西。

49.2.8 总结部分

1. 基础句式：A＋使令动词（叫、让、派、请）＋B＋要做的事。

2. 否定词语加在使令动词前。

3. "叫、让、派、请"兼语句中出现连谓词组，要放在"要做的事"里。

50. 称呼类兼语句的教学过程应该如何设计？

50.1 设计思路

称呼类兼语句在兼语句之中占比不大，使用频率不高，并非兼语句学习的重点和难点。称呼类兼语句和一般兼语句有区别，主要表现在：

1. 兼语动词 V_1 并不具备致使义或使令义，只具有指称义，常用动词的数量有限，只有"称、叫、称呼"等少数几个。

2. 内部结构固定，用法单一。主要形式为"称＋N_2＋作""称呼＋N_2＋为"等，其中"作、为"等都是非动作动词。

3. 其主要功能是引出对象并对其进行命名，构式意义明确，可以概括为：称呼者＋称呼方式＋称呼对象＋命名内容。

称呼类兼语句的教学思路是：首先，在教学时可以单独安排任务，随机教学，不必将称呼类兼语句和使令类兼语句、致使类兼语句和有无类兼语句合并教学。其次，在教学策略上应当利用称呼类兼语句与称呼类双宾语句之间具有转换关系的特点组织教学。例如："他们都称他为大师"是称呼类兼语句，而"他们都称他大师"则是称呼类双宾语句，两者的表意基本一致，但后者的使用频率高，语法难度低，如果能将称呼类兼语句安排在称呼类双宾语句后教授，将会大大提高教学的成功率。另外，称呼类兼语句和"把"字句之间也存在转换关系，当 V_2 是"作、为"时，一般上可以转换成"把"字句，在教学过程中也可以适时引入称呼类兼语句和"把"字句的转换练习。

50.2 称呼类兼语句在教学中应该注意的问题

50.2.1 称呼类兼语句的命名是有条件的

称呼类兼语句的命名通常是指称呼对象的新名称，不是原有的名称。例如：

（1）他叫汪小明，因为他特别聪明，所以小伙伴们都称他为"诸葛亮"。

"汪小明"是称呼对象的本名，"诸葛亮"则是为称呼对象命名的新名称。

50.2.2 称呼类兼语句与"把"字句转换是有条件的

如果称呼类兼语句的 V_2 是判断动词"是"，则不能转换成"把"字句。例如：

（2）我们称它们为昆虫。

（2a）我们把它们称为昆虫。

（3）老师们都称她是乖宝宝。

（3a）* 老师们都把她称是乖宝宝。

50.2.3 称呼类兼语句的否定形式特殊

与使令类兼语句和致使类兼语句不同，称呼类兼语句中的否定词只能添加在兼语动词 V_1 前，不能添加在 V_2 之前，例如可以说"我不称他为哥哥"，而不可以说"我称他不为哥哥"，但称呼类兼语句的否定形式在日常生活中的运用极少，因此在教学过程中不必专门针对否定式设计教学内容。但是在学生使用称呼类兼语句的过程中，如果出现了否定式偏误，教师就有必要针对其偏误进行有效的指导和纠正。

50.3 教学过程

50.3.1 导入部分

复习导入：请同学翻译一下 "We call him old captain."。

教师明确：我们称他老队长。

板书：我们称　他　老队长。

教师复习：上节课我们讲了双宾语句，请大家找出这句话中的两个宾语。

教师明确："他" 和 "老队长"。

教师提问：可不可以给这个句子再加一个动词呢？

50.3.2 教学部分（1）：基本句型教学

教师讲解：这句话中已经有了一个动词 "称"，但是在这样表示称呼的双宾语句中，两个宾语之间还可以再加入一个动词 "为"，句子变为 "我们称他为老队长"，意思和原来一样。

板书：我们称　他　为　老队长。

教师提问：表示称呼的词除了 "称"，还有什么？

教师明确：表示称呼的词有 "称、叫、称呼"，只有带有这些动词的双宾语句可以在两个宾语之间加 "为"。

教师提问：谁是老队长？

教师明确："他" 是老队长。

教师提问：这个 "为" 字前是什么？

教师明确："为" 字前是某个人。

教师提问：这个 "为" 字后接的是什么？

教师明确：是一个称呼或者名字。

板书：A　称 / 叫 / 称呼　B　为　称呼 / 名字。

50.3.3 练习部分（1）

1.改写句子：请为下列句子添加一个动词，并保持句子意思不变。

（1）大家称他 "及时雨"。

（2）爸妈叫小雨"淘气包"。

_____

2. 翻译：请用"称……为"句型翻译下列句子。

（1）The classmates called them brave boys.

_____

（2）Her friends called Alice a fairy.

_____

50.3.4 教学部分（2）："把"字句转换

教师提问：大家还记得"把"字句吗？请大家说一个"把"字句，回忆一下"把"字句的结构。

教师明确并板书：A 把 B 动作。

教师提问："我们称他为老队长"这句话可以变成"把"字句吗？

教师讲解：这句话中的动作是"称"，发出动作的人是"我们"，因此"把"字句中的 A 是"我们"，被称呼的是"他"，所以 B 应该是"他"。这句话变成"把"字句是"我们把他称为老队长"。

板书：称呼类兼语句——A＋称／叫／称呼＋B＋为＋称呼／名字。

　　　　"把"字句——A＋把＋B＋称为＋称呼／名字。

50.3.5 练习部分（2）："把"字句转换

1. 句式转换：请将下列"把"字句转换为称呼类兼语句。

（1）大家把林冲称为"豹子头"。

_____

（2）爸爸把小女儿称为"小棉袄"。

_____

2. 句式转换：请将下列称呼类兼语句转换为"把"字句。

（1）同事们称他为"大明星"。

_____

（2）病人们称这种药为"灵丹妙药"。

_____

50.3.6 总结部分

1. 基础句式：A＋称／叫／称呼＋B＋为＋称呼／名字。

2. 称呼类双宾语句的两个宾语之间加入"作、为"可以变为称呼类兼语句。

3. 称呼类兼语句和"把"字句之间存在转换关系。

参考文献

北京语言学院句型研究小组（1990）现代汉语基本句型（续三），《世界汉语教学》第 1 期。

蔡玮（2000）带定指兼语的"有"字句，《镇江师专学报》（社会科学版）第 2 期。

蔡玮（2003）"有"字句中的预设，《修辞学习》第 2 期。

车竞（1996）使字句的语用分析，《辽宁教育学院学报》第 3 期。

陈昌来（2001）论现代汉语的致使结构，《井冈山师范学院学报》第 3 期。

陈建民（1960）论兼语式和一些有关句子分析法的问题，《中国语文》第 3 期。

陈磊（2010）《有无类兼语式及相关问题研究》，东北师范大学硕士论文。

程琪龙、王宗炎（1998）兼语一般句式和把字句式的语义特征，《语文研究》第 1 期。

戴浩一（1988）时间顺序和汉语的语序，黄河译，《国外语言学》第 1 期。

邓懿等（1993）《汉语初级教程》（第二版），北京：北京大学出版社。

丁声树、吕叔湘、李荣等（1961）《现代汉语语法讲话》，北京：商务印书馆。

范开泰、张亚军（2000）《现代汉语语法分析》，上海：华东师范大学出版社。

范晓（1996）《三个平面的语法观》，北京：北京语言文化大学出版社。

范晓（1998）《汉语的句子类型》，太原：书海出版社。

范晓、杜高印、陈光磊（1987），《汉语动词概述》，上海：上海教育出版社。

方梅（2019）从话语功能看所谓"无定 NP 主语句"，《世界汉语教学》第 2 期。

高名凯（1953）关于汉语的词类分别，《中国语文》第 16 期。

高名凯（1957）《汉语语法论》，北京：科学出版社。

高再兰（2007）兼语式"有"字句的篇章功能，《淮北煤炭师范学院学报》（哲学社会科学版）第 3 期。

龚千炎（1994）《语言文字探究》，北京：北京语言学院出版社。

古川裕（2003）现代汉语感受谓语句的句法特点——"叫 / 让 / 使 / 令"字句和"为"字句之间的语态变换，《语言教学与研究》第 2 期。

郭姝慧（2008）"把"字句与"使"字句的置换，《山西大学学报》（哲学社会科学版）第 3 期。

郭曙纶（2000）兼语式的语义分析，《零陵师范高等专科学校学报》第 4 期。

郭燕妮（2008）致使义把字句的句法语义语用分析，《汉语学报》第 1 期。

胡明扬（1958）语法形式和语法意义，《中国语文》3 月号。

胡裕树（1981）《现代汉语》（增订本），上海：上海教育出版社。

黄伯荣、廖序东（1997）《现代汉语》（增订二版），北京：高等教育出版社。

黄伯荣、廖序东（2017）《现代汉语》（增订六版），北京：高等教育出版社。

黄姝（2011）《面向对外汉语教学的现代汉语"使"字句研究》，南京林业大学硕士论文。

暨南大学华文学院（2019）《中文》，广州：暨南大学出版社。

贾庆阁（1988）兼语式研究述评，《商丘师专学报》（社会科学版）第 1 期。

金立鑫（1997）"把"字句的句法、语义、语境特征，《中国语文》第 6 期。

金贞儿（2012）《致使义兼语句与"把"字句的构式转换及其理据探究》，上海师范大学博士
论文。

黎锦熙（1924）《新著国语文法》，上海：商务印书馆。

李大忠（1996a）"使"字兼语句偏误分析，《世界汉语教学》第 1 期。

李大忠（1996b）《外国人学汉语语法偏误分析》，北京：北京语言文化大学出版社。

李劲荣（2016）"无定居末"与"无定居首"——汉语中两种表存在的句式，《世界汉语教学》
第 2 期。

李临定（1986）《现代汉语句型》，北京：商务印书馆。

李琳（2004）"请"字两种用法的辨识，《柳州职业技术学院学报》第 2 期。

李晓琪（2013）《博雅汉语·初级起步篇》（第二版），北京：北京大学出版社。

李亚菲（2010）《外国留学生兼语句运用的偏误分析》，华东师范大学硕士论文。

梁婷婷（2009）《外国学生汉语"使"字句习得情况考察》，北京语言大学硕士论文。

刘珣（2002—2004）《新实用汉语课本》（1～4），北京：北京语言大学出版社。

刘月华、潘文娱、故韡（1983）《实用现代汉语语法》，北京：华语教学与研究出版社。

刘月华、潘文娱、故韡（2001）《实用现代汉语语法》（增订本），北京：商务印书馆。

刘忠华（2005）现代汉语"使"字句与一般兼语句的区别，《广西社会科学》第 7 期。

陆俭明（2003）《现代汉语语法研究教程》，北京：北京大学出版社。

吕冀平（1958）《复杂谓语》，上海：新知识出版社。

吕冀平（1983）《汉语语法基础》，哈尔滨：黑龙江人民出版社。

吕叔湘（1953）《语法学习》，北京：中国青年出版社。

吕叔湘（1956）《中国文法要略》，上海：商务印书馆。

吕叔湘（1979）《汉语语法分析问题》，北京：商务印书馆。

吕叔湘（1984）《现代汉语八百词》，北京：商务印书馆。

吕文华（2014）《对外汉语教学语法讲义》，北京：北京大学出版社。

马乃田（2003）试说兼语结构与"请"，《河南教育学院学报》（哲学社会科学版）第 4 期。

孟娇（2016）《现代汉语兼语句语篇功能考察》，南京师范大学硕士论文。

牛顺心（2007）普通话中致使词的三个语法化阶段，《社会科学家》第 3 期。

牛顺心（2008）从类型学参项看普通话中分析型致使结构的句法类型及其语义表现，《语言研
究》第 1 期。

齐沪扬（2007）《现代汉语》，北京：商务印书馆。

齐沪扬、韩天姿、马优优（2020）与对外汉语教学语法体系建构相关的一些问题的思考，《杭州师范大学学报》（社会科学版）第 1 期。

任朝阳（2006）《兼语句变换为"把"字句的语法、语义限制》，华东师范大学硕士论文。

沈家煊（2002）如何处置"处置式"？——论把字句的主观性，《中国语文》第 5 期。

石安石（1980）汉语词类划分问题的再探讨，载南开大学中文系语言学教研室编《语言研究论丛》，天津：天津人民出版社。

史存直（1954）论递系式和兼语式，《中国语文》第 3 期。

史存直（1984）关于由"V 给"引起的兼语句，《上饶师专学报》（社会科学版）第 3 期。

宋玉柱（1981）关于"把"字句的两个问题，《语文研究》第 2 期。

宋玉柱（1991）《现代汉语特殊句式》，太原：山西教育出版社。

苏丹洁（2011）构式语块教学法的实质——以兼语句教学及实验为例，《语言教学与研究》第 2 期。

苏丹洁（2012）取消"兼语句"之说——构式语块法的新分析，《语言研究》第 2 期。

孙红霞（2013）《对外汉语中兼语句偏误分析及教学策略》，西安外国语大学硕士论文。

谭景春（1995）使令动词和使令句，载中国语文杂志社编《语法研究和探索（七）》，北京：商务印书馆。

佟慧君（1986）《外国人学汉语病句分析》，北京：北京语言学院出版社。

宛新政（2005）《现代汉语致使句研究》，杭州：浙江大学出版社。

王灿龙（2003）制约无定主语句使用的若干因素，载中国语文杂志社编《语法研究与探索（十二）》，北京：商务印书馆。

王红旗（2014）汉语主语、宾语的有定与无定，载北京大学中国语言学研究中心《语言学论丛》编委会编《语言学论丛（第五十辑）》，北京：商务印书馆。

王力（1944—1945）《中国语法理论》，重庆：商务印书馆。

王临惠（1991）试论现代汉语的"致动"动词，《语文研究》第 4 期。

魏红、储泽祥（2007）"有定居后"与现实性的无定 NP 主语句，《世界汉语教学》第 3 期。

吴竞存、侯学超（1982）《现代汉语句法分析》，北京：北京大学出版社。

夏秀文（2009）带有定兼语的"有"字句句法、语义及语用分析，《海外华文教育》第 1 期。

项开喜（2002）汉语的双施力结构式，《语言研究》第 2 期。

肖奚强（2017）关于教学语法的思考——以句式教学体系为例，《语言教学与研究》第 6 期。

肖奚强等（2009）《外国学生汉语句式学习难度及分级排序研究》，北京：高等教育出版社。

萧璋（1956）论连动式和兼语式，《北京师范大学学报》第 1 期。

新加坡教育部课程规划与发展司（2007）《小学华文》，新加坡：教育出版社。

邢福义（1996）《汉语语法学》，长春：东北师范大学出版社。

邢福义、汪国胜（2011）《现代汉语》（第二版），武汉：华中师范大学出版社。

邢欣（1992）试析兼语式动词"使"的特点，《新疆师范大学学报》（哲学社会科学版）第 4 期。

邢欣（2004）《现代汉语兼语式》，北京：北京广播学院出版社。

徐赳赳（2003）《现代汉语篇章回指研究》，北京：中国社会科学出版社。

徐烈炯（1990）《语义学》，北京：语文出版社。

徐通锵（1997）有定性范畴和语言的语法研究——语义句法再议，《语言研究》第 1 期。

徐燕青（1999）"使"字句与"把"字句的异同考察，《世界汉语教学》第 4 期。

徐阳春（2015）"有＋NP＋VP"结构考察，《语言教学与研究》第 2 期。

许慧娟（2012）《现代汉语兼语句语篇分析》，江西师范大学硕士论文。

严戎庚（1998）论使令关系与兼语句：兼与季临定、邢欣先生商榷，《新疆大学学报》（哲学
　　社会科学版）第 1 期。

杨帆（2011）"兼语句"的来源及特征，《洛阳师范学院学报》第 3 期。

杨寄洲（2006）《汉语教程》（修订本），北京：北京语言大学出版社。

杨江锋（2016）《汉语迂回到使结构的多维度研究》，浙江大学博士论文。

杨玲（1999）"有＋NP＋VP"的句法、语义、语用特点，《成都大学学报》（社会科学版）
　　第 2 期。

叶向阳（2004）"把"字句的致使性解释，《世界汉语教学》第 2 期。

袁毓林、李湘、曹宏等（2009）"有"字的情景语义分析，《世界汉语教学》第 3 期。

詹开第（1981）"有"字句，《中国语文》第 1 期。

张斌（2000）《现代汉语句子》，上海：华东师范大学出版社。

张斌（2010）《现代汉语描写语法》，北京：商务印书馆。

张伯江（2001）被字句和把字句的对称与不对称，《中国语文》第 6 期。

张静（1977）"连动式"和"兼语式"应该取消，《郑州大学学报》（哲学社会科学版）第 4 期。

张静（1986）《新编现代汉语》，上海：上海教育出版社。

张先亮、郑娟曼（2005）试论篇章对"有"字句主宾语的制约，《华东师范大学学报》（哲学
　　社会科学版）第 4 期。

张先亮、郑娟曼（2006）汉语"有"字句的语体分布及语用功能，《修辞学习》第 1 期。

张豫峰（1999a）"有"字句的语义分析，《中州学刊》第 3 期。

张豫峰（1999b）"有"字句的语用研究，《河南大学学报》（社会科学版）第 3 期。

张豫峰、范晓（1996）"有"字句的后续成分，《语言教学与研究》第 4 期。

赵金铭（2018）汉语作为第二语言教学语法：格局＋碎片化，《语言教学与研究》第 2 期。

赵淑华、刘社会、胡翔（1995）北京语言学院现代汉语精读教材主课文句型统计报告，《语言
　　教学研究》第 2 期。

赵元任（1952）《北京口语语法》，北京：开明书店。

中国科学院语言研究所语法小组（1953）《语法讲话》，北京：中国科学院语言研究所。

中国社会科学院语言研究所词典编辑室（2016）《现代汉语词典》（第 7 版），北京：商务印
　　书馆。

钟良（2017）对外汉语教学中对兼语句和连动句认识的发展——兼议两种句式的存废问题，载
　　北京语言大学对外汉语研究中心编《汉语应用语言学研究（第 6 辑）》，北京：商务印书馆。

周红（2004）《现代汉语致使范畴研究》，华东师范大学博士论文。

周文华（2007）《"让"字句功能分析与习得研究》，南京师范大学硕士论文。

周文华（2009）基于语料库的外国学生兼语句习得研究，《语言教学与研究》第 3 期。

朱德熙（1982）《语法讲义》，北京：商务印书馆。

朱德熙（1985）《语法答问》，北京：商务印书馆。

邹洪民（2001）致使义"把"字句的语义语用分析，《语言与翻译》第 1 期。